VANESSA SCHNEIDER

DIE GESCHICHTE DER MARIA SCHNEIDER

VANESSA SCHNEIDER

DIE GESCHICHTE DER MARIA SCHNEIDER

Aus dem Französischen
von Grit Weirauch

KIEPENHEUER & WITSCH

Ich hatte ein schönes Leben.« Dein Satz glitt wie ein müder Finger über feinsten Samt. Du hast sanft gelächelt und bist in glücklichen Erinnerungen versunken, wenige Tage vor deinem Tod.

Du hast das nicht gesagt, um uns eine Freude zu machen oder dich selbst davon zu überzeugen, das war nicht deine Art. Du hast es anscheinend tief im Inneren empfunden.

Ich habe deine Worte nicht sofort verstanden. Sie klangen erst wie eine falsche Note in einer ausgewogenen Partitur, laut und aufgezwungen. So lange hatte ich dich aus Gewohnheit bemitleidet, mir Sorgen gemacht um dich, mich in dein Unglück, das zu unserem geworden war, hineinziehen lassen. Du aber hast daran geglaubt. »Ich hatte ein schönes Leben.«

Und es tut gut, dass du die Dinge so gesehen hast.

Du warst achtundfünfzig Jahre alt, als du uns verlassen hast. Kein Alter, um zu sterben, sagt man. Dabei hätten wir ehrlich gesagt nie gedacht, dass du es überhaupt erreichen würdest. Viele meinten, als sie von deinem Tod erfuhren, du wärst längst verstorben, so sehr gehören Persönlichkeiten wie du anscheinend der Vergangenheit an. Für einige Stunden, ein paar Tage betrittst du im Februar 2011 auf Internetseiten und in Zeitungen noch einmal die Bühne. In den verschiedenen Artikeln wird die gleiche Geschichte erzählt, mehr oder weniger grober Stoff aus vorgefertigten Phrasen und dick aufgetragenen Klischees: »das verlorene Kind des Kinos«, »das tragische Schicksal«, »die Skandal-Schauspielerin«. Man spricht von deiner zerschlagenen Karriere, vom *Letzten Tango in Paris*, von Sex, Drogen, der harten Kinowelt, den wüsten Siebzigern. Niemand schreibt darüber, wie du im Sterben Champagner getrunken hast. Dieses Getränk, das du genauso geliebt hast wie ich, und das einen die Verletzungen der Kindheit vergessen lässt und die innersten Risse in empfindsamen Seelen mit Freude füllt. Inmitten von Geperle und Gelächter bist du gegangen, umgeben von liebenden Gesichtern und prickelndem Lächeln. Aufrecht, erhobenen Hauptes, leicht beschwipst. Grandios.

Alain Delon hat sich in die erste Reihe gesetzt. Ich weiß nicht, wann ihr euch zum letzten Mal gesehen habt, aber er hat Platz genommen, mit weißer Mähne und tief gerunzelter Stirn, auf einer der Familienbänke. Dein Abschied sollte in Saint-Roch stattfinden, das hattest du dir gewünscht, in der Kirche der Künstler und Stars, mitten in Paris, der Stadt, die du so oft verlassen wolltest und in die du immer wieder zurückgekehrt bist. Die Musikstücke für die Zeremonie hattest du genau angegeben, Bach vor allem, so wie auch die Namen der geladenen Gäste. Erst mit den Jahren hatten wir entdeckt, dass du gläubig warst, an die religiösen Rituale deiner Kindheit angeknüpft hattest. In Kirchen hast du Kerzen angezündet und gebetet. Du hast darüber in einem Atemzug mit Astrologie und dem Einfluss der Planeten auf die Charaktere gesprochen. Dieser bunt zusammengewürfelte Glauben schien kein Problem für dich.

An jenem Tag in der Kirche Saint-Roch, von deren Turm der Starkregen tropfte, sitze ich hinter Alain Delon. Er hat darauf bestanden, dir zuerst die letzte Ehre zu erweisen und den Brief von Brigitte Bardot an dich vorzutragen, die zu schwach war, um zu kommen und ihn selbst zu lesen. Delon schenkt den Worten Bardots seinen tiefen Bass, als ob sie sich abgestimmt hätten, dir dasselbe zu sagen, deine beiden Kino-Paten. Viele Menschen sind unter dem kalten Gewölbe versammelt. Die Letzten unserer dezimierten Familie, deine so zahlreichen Freunde, ein früherer Kulturminister oder vielleicht sogar zwei, Unbekannte, die von dir Abschied nehmen wollen, die Familie deines Vaters – die Gélins, deine Halbbrüder und Halbschwestern, die wir später bei der Einäscherung auf dem Père-Lachaise wiedersehen werden –, Gesichter, die wir nur aus Zeitschriften kennen. Von einigen fallen uns die Namen kaum ein, ehemalige Stars aus den Siebzigern, Überlebende, wie du eine warst: Dominique Sanda, Christine Boisson, die in dem Erotikfilm *Emmanuelle* mitgespielt hat. Es sind viele, die sich an dich erinnern, viele, die dich bewundert haben, mehr wahrscheinlich, als du dir vorgestellt hattest. Deine Mutter ist nicht da. Sie nahm nicht den Flieger von Nizza nach Paris. Sie ließ ausrichten, sie sei zu erschöpft.

Alles ist in einer roten Mappe aufbewahrt, wie man sie in der Schule für Arbeitsblätter verwendet, mit zwei Gummibändern an den Ecken als Verschluss. Darin sind Fotos aus Zeitschriften, Interviews, Pressedossiers zu deinen Filmen. Ich bin sechs Jahre alt, acht, zehn, zwölf und ich sammele manisch alles über dich. Mit der abgerundeten Kinderschere schneide ich die Artikel aus, in denen dein Name auftaucht. Meine Mutter flehe ich an, mir Porträts von dir in meinem Alter und deine ersten Zeichnungen zu geben. Ich habe den Deckel der Mappe, in der sich mein Schatz befindet, mit buntem Glitzer und selbstklebenden Sternchen verschönert. In die Mitte habe ich ein Schwarz-Weiß-Foto von dir geklebt, das Zeitungspapier ist von schlechter Qualität. Du hast volle Wangen und dein Lächeln ist so strahlend, wie ich es noch nie an dir gesehen habe. Ich habe das Bild mit Tesafilm überklebt, damit es sich nicht abnutzt, und dabei wohl auch versucht, dich vor dem Schmutz des Lebens zu schützen. Mit den Jahren wird die Mappe immer mal wieder dicker, je nachdem, wie deine Schauspielkarriere verläuft. Enttäuscht stelle ich fest, dass in den Ausschnitten, die ich sammele, deine Filme immer weniger erwähnt werden und die Turbulenzen deines Privatlebens umso mehr. Kritiken und Porträts werden durch Berichte über deine Ausschweifungen ersetzt, die man mit groben Skandalschlagzeilen versehen hat. Je älter ich werde, desto weniger kann ich in die rote Mappe stecken. Du drehst nicht mehr oder nur sehr selten. Du tauchst manchmal in Low-Budget-Filmen auf, von denen einige nicht in französischen Kinos laufen.

Hauptrollen bekommst du keine mehr. Journalisten und Journalistinnen interessierst du nicht mehr. Wie so viele deiner Generation schließt du dich der Riege der gefallenen Stars an, bist wie sie durch den Exzess verwelkt und wirst abgelehnt von einer neuen Zeit, in der Rebellentum keinen Platz mehr hat. Du bist nicht mehr die berühmte Persönlichkeit meiner Kindheit, eine, die man auf der Straße erkennt und die einen schaudern lässt vor Aufregung und Neid. Du bleibst meine Cousine, für die ich eine zärtliche und zugleich morbide Faszination hege. Ein zerbrochenes und kostbares Familienjuwel, das man weit hinten in einer geheimen Schublade aufbewahrt.

Es gibt nichts mehr über Maria zu schreiben, denn Maria existiert für die Welt nicht mehr. Die rote Mappe bewahre ich trotzdem auf, ein Mausoleum deines Ruhms. Ich nehme sie überall mit hin, lese immer wieder Bruchstücke deines Lebens. Und finde dahinter eine andere als die uns bekannte Geschichte, über die wir letztlich wenig reden, die die Presse zu erzählen hat und dabei Wahrheiten und Halbwahrheiten, Fantasien und Lügen miteinander vermischt – die Geschichte einer jungen Frau, die von der Explosion ihres öffentlichen Auftritts verwüstet wurde. Ein leidvolles Leben, ein aufreibender Kampf gegen eine zu belastende Kindheit. Dein Weg hallt wie ein Echo der Frauen in unserer Familie. Deinem Werdegang hätten wir, die Cousinen, folgen können, wenn du dich nicht, ohne es zu wissen oder zu wollen, für uns auf gewisse Weise geopfert hättest.

Die rote Mappe ist das Wertvollste, was ich habe. Wenn ich sie, was selten vorkommt, meinen Freundinnen zeige, ernte ich ratlose, misstrauische Blicke. Wer ist diese Schauspielerin, die anscheinend so viel Erfolg hatte und deren Name man nicht einmal gehört hat? Sie vermuten, dass ich lüge, mir eine berühmte Verwandte ausdenke, um Aufmerksamkeit zu erhalten. Ich schweige schließlich, erzähle nichts mehr, die Stille ist mir lieber als der Zweifel, das Geheimnis lieber als die Fragen. Als ich die Wohnung der Familie mit zwanzig Jahren verlasse, verwahre ich die Mappe im Landhaus meiner Eltern. Dieser alte Bauernhof ist zu unserem Erinnerungsspeicher geworden. Regelmäßig schnüffeln wir hier in der Vergangenheit herum, in einem »Hinterzimmer«, das angeblich Papas Büro ist, in dem ich ihn aber nie habe arbeiten sehen. Ein großer Karton mit Bändern enthält Plakate, die Kunststudenten im Mai '68 anfertigten, Flugblätter aus jener Zeit, Hunderte Notizen meines Vaters mit den Spuren seiner revolutionären Utopie und die Archive der »Organisation«, der er damals angehörte. Es gibt hier auch in einem bunten Haufen Zeug Sammlungen an Zeichnungen von Maria und uns und stapelweise alte Zeitungen, darunter die ersten Ausgaben der *Libération*, für die ich später arbeiten sollte. Dieses Haus scheint mir der ideale Schutzort für mein Dossier zu sein, damit es nicht bei künftigen Umzügen verloren geht. Es ist wie gemacht für dich, mit seiner großblumigen Tapete in Apfelgrün und Orange, den zusammengewürfelten Möbeln, den gefundenen Gegenständen, dem weitläufigen, verwilderten Garten,

der sich in meiner Kindheit regelmäßig in ein Hip-
pie-Camp verwandelte, wo Männer und Frauen in indischen Tuniken am Lagerfeuer Gitarre spielten und
riesige Joints rauchten.

Jedes Mal, wenn ich auf dem Land bin, hole ich die Mappe aus der Schublade einer alten Kommode hervor. Sie verströmt einen immer beißenderen Geruch nach Staub. Die Fotos verblassen von Jahr zu Jahr, Zeit und Feuchtigkeit nagen an dem Papier. Eines Tages finde ich die Mappe nicht mehr. Sie hat sich in Luft aufgelöst. Ich bin verärgert und traurig, und komme nicht umhin festzustellen, wie sehr mich die Geschichte der Mappe doch an dich erinnert: eine Abfolge von Erscheinen und Verschwinden. Sie ist wie ein umfangreiches und unvollständiges Resümee deiner selbst, nicht greifbar und doch präsent. Da die rote Mappe nicht mehr da ist, werde ich eines Tages von dir erzählen müssen.

Auf dem ältesten Foto, das ich von dir besitze, hast du einen Jungshaarschnitt. Meine Mutter hat die Aufnahme gemacht. Darauf bist du mit meinem Vater zu sehen, deinem Onkel, der nur ein paar Jahre älter ist als du und unglaublich jung aussieht. Ihr seid in einem Wald, Papa lehnt an einem Baum, du blickst wie ein scheues Reh in die Kamera. Du musst etwa zwölf sein, Papa acht Jahre älter. Wie zwei traurige Kinder seht ihr auf dem Schwarz-Weiß-Bild aus. Deine Mutter hat dir einfach kurze Haare verpasst. Vielleicht bist du für ihren Geschmack zu hübsch geworden und sie konnte das nicht ertragen. Noch hat sie dich nicht hinausgeworfen, noch bist du nicht bei uns eingezogen. Dein Körper ist der eines kleinen Mädchens, deine Haltung lässt schon die Jugendliche erkennen, die du bald sein wirst. Du siehst aus, als wüsstest du nicht, wer du bist. Einen Papa hast du nicht. Deine Mama liebt dich nicht, dein Gesichtsausdruck ist sorgenvoll wie der von Kindern, die ahnen, dass ihr Lebensweg steinig werden wird.

Du bist ein Nachkriegskind, ein Kind des Wiederaufbaus. Es ist der Anfang des wirtschaftlichen Aufschwungs in Frankreich, der *Trente Glorieuses*. 1952, in dem Jahr, als du geboren wurdest, fabriziert IBM eine seltsame Maschine, den ersten Computer. In französischen Haushalten wird mit Kohle geheizt, Wäsche per Hand gewaschen, Kindern außer zu Weihnachten und zum Geburtstag nichts geschenkt, man verreist nicht, hat keinen Kühlschrank, zwei Drittel der Bevölkerung haben kein fließendes Wasser, nur die Reichsten besitzen einen Fernseher. Die Schule ist nach Geschlechtern getrennt, die Mädchen bleiben unter sich und sind vor den Blicken der Jungen geschützt. Sie spielen Himmel und Hölle, Osselets und Jo-Jo, bis sie zur ersten Fete eingeladen werden. Die Pille gibt es nicht, Paare behelfen sich, so gut es geht, mit Tagezählen und illegalen Schwangerschaftsabbrüchen. Die Armut ist riesig. Ein einstiger Widerstandskämpfer und Priester, Abbé Pierre, ruft die Wohltätigkeitsorganisation Emmaus ins Leben, um den Ärmsten zu helfen.

Du bist ein Kind des Friedens, aber der Krieg ist nicht zu Ende. Die Ablösung von der Kolonialmacht verläuft blutig, erst in Indochina, später in Algerien. Eine neue Weltordnung entsteht. Stalin stirbt 1953, Elisabeth wird wenige Monate später zur Königin von England gekrönt. In Frankreich kommandiert General de Gaulle das politische Leben. Am 4. November 1956 rücken sowjetische Panzer in Budapest ein und schlagen den ungarischen Aufstand nieder. Europa ist gespalten, bald ist auch die ganze Welt eine weite Front von Kommunisten und Antikommunisten. Der Krieg wird ein kalter.

Du bist ein Kind, und deine Mutter lässt dich bereits spüren, dass du neben ihren beiden Lieblingssöhnen überflüssig bist. Sie hat dir nicht verheimlicht, wer dein Vater ist: Daniel Gélin, der berühmte Schauspieler, der in Amerika gedreht hat. Du konntest seinen Namen nicht annehmen, denn er ist mit Danièle Delorme verheiratet und laut Gesetzgebung jener Zeit kann er somit seine Vaterschaft nicht anerkennen lassen. Er kommt dich ab und zu in Melun besuchen, wo du deine ersten Jahre verbringst. Allerdings so selten, dass du keinerlei Erinnerung daran hast. Und die Treffen werden immer seltener, dein Vater ist bei deiner Mutter unerwünscht. Sie ist nicht gut auf ihn zu sprechen, immer wieder sagt sie dir, dass du ihm egal seist. Er will dich nicht sehen, verstehst du, er liebt dich nicht. Dabei ist sie es, die dich auf Abstand zu ihm halten will. Ihr eigenes Kind, das andere als fröhlich und frech beschreiben, sie selbst aber als unausstehlich.

Sie kann nicht mehr, schafft es nicht mehr, kann ja kaum für sich selbst sorgen. Ständig sagt sie dir, du seist schwer erziehbar. Zu einer Amme will sie dich schicken, die wüsste wenigstens mit dir umzugehen, könnte dir die Benimmregeln einimpfen, dich erziehen, dich wieder auf Spur bringen. Du bist noch sehr klein, als sie dir eröffnet, dass sie dich zu einer »Dame« gibt. Ich stelle mir vor, wie du deine Tränen unterdrückst, lautlos weinst vor Wut und Schrecken. Du willst nicht dahin gehen, du willst nicht weggehen, möchtest bei deiner Mama und deinen Brüdern bleiben. Du sagst es lauter, weil man dich nicht hört, du schreist, du brüllst all die

Worte, die dir in den Sinn kommen. Sie verlieren sich in der Leere, finden kein Gehör. Deine Mutter lässt dich zwei Jahre bei einer Fremden, über die du niemals ein Wort verlieren wirst.

Mit knapp zehn Jahren kehrst du wieder zu deiner Familie zurück. Das Sexleben deiner Mutter ist für dich kein Geheimnis, so wie das ihrer Mutter für sie keins war. Wir stammen aus einer Familie, in der man vor Kindern nichts verheimlicht, vor allem nicht das, was sie niemals erfahren sollten. Unter vorgehaltener Hand erzählt man sich bei uns die Geschichte, dass deine Mutter mit einem Mann im Bett war und wie immer, wenn sie etwas von dir wollte, in trockenem Befehlston deinen Namen ruft, der in den Fluren der Wohnung widerhallt. Du sollst ihr das Diaphragma bringen. Du gehorchst, hast keine andere Wahl, spürst es in ihrer Stimme. Aufgeregt gehst du ins Bad, kramst auf der Ablage über dem Waschbecken. Mit dem Ding fest in deinen kleinen, ungeschickten Händen läufst du zu ihr. Voller Angst, du könntest es kaputt machen. »Lass es bloß nicht fallen«, hat sie dir oft genug gesagt, »das kostet ein Vermögen.« Vorsichtig und langsam gehst du. Beeilen sollst du dich. Du gibst ihr das Diaphragma und rennst zurück in dein Zimmer.

Du bist vierzehn Jahre alt, hast immer noch kurze Haare, aber du wirst jeden Tag hübscher. Deine Brüste wachsen, dein kindlicher Körper entwickelt sich rasant und du schaust dabei zu. Jeder Tag ist eine Veränderung. Deine Nase bekommt eine neue Form, deine Hüften füllen deine Hosen anders aus, deine Haut stellt sich um, deine Augen erscheinen dir plötzlich zu groß, dein Unterleib spannt sich jeden Monat an und Blut fließt in deine Unterhosen.

Deine Formen versteckst du unter weiten Pullovern. Diese sich aufdrängende Weiblichkeit ist dir unangenehm. Doch du versteckst dich umsonst, die Jungs finden Gefallen an dir. Ihre Blicke heften sich an deine Figur, reife Männer drehen sich nach dir um. Deine Mutter bedrängt dich mit Fragen und eines Tages gibst du dich geschlagen. Du gestehst ihr, dass du einen Freund hast. Es ist das Letzte, was du ihr anvertrauen würdest, aber sie lässt nicht locker, und wenn du nichts erzählen würdest, hieße es einmal mehr, du seist kein artiges Mädchen. Nur eins interessiert sie: »Schläfst du mit ihm?« Du bist geschockt, wie kann sie so etwas denken? »Natürlich nicht, auf keinen Fall!« Sie seufzt, verdreht die Augen und blickt dich an: »Mein armes Mädchen. Was bist du nur für eine Memme!«

Du bist fünfzehn Jahre alt. So alt wie deine Mutter, als sie ihr erstes Kind bekam, so alt wie unsere Großmutter, als sie zwangsverheiratet wurde. In dem Alter wurden die Frauen unserer Familie brutal erwachsen, ohne Unterstützung ihrer Mütter. Deine hat dich vor die Tür gesetzt. Papa und Mama bieten dir an, bei ihnen zu wohnen, in ihrer Zweizimmerwohnung im 7. Arrondissement von Paris. Es gab diesen schrecklichen Streit bei dir zu Hause, niemand wollte Genaueres wissen. Man munkelt, dass deine Mutter deinen Stiefvater in deinem Bett erwischt hat. Ihr habt damals alle zusammengewohnt, mit deinen beiden Brüdern, in einer kleinen Wohnung in der Avenue de la Grande-Armée.

Du bist in der zehnten Klasse auf dem Lycée Racine und eine gute Schülerin. Du bist glücklich, bei meinen Eltern zu wohnen. Ich bin noch nicht geboren. Es herrscht Boheme-Atmosphäre, du fühlst dich frei mit diesem Paar, diesen beiden jungen Erwachsenen, die du so sehr liebst. Mein Vater studiert noch, meine Mutter arbeitet als Buchhändlerin bei Maspero im Quartier Latin. Sie verkehrt mit den Leuten von den *Cahiers du Cinéma* und verbringt ihre freie Zeit in der Cinémathèque. Papa ist in linksextremen Kreisen unterwegs. Er bereitet die Revolution vor und ist drauf und dran, zu den Waffen zu greifen. Er liest Zeitungen, organisiert Demos, studiert Politik, Wirtschaft, Jura, mit konspirativer Miene geht er zu Versammlungen und kommt spätabends mit entrücktem Lächeln wieder. Du findest das alles lustig, bislang hast du keinen blassen Schimmer von Politik. Mitte der 6oer-Jahre siehst du dich eher als Anhängerin de Gaulles. Auch wenn du es nicht begründen könntest, definierst du dich halt so.

Papa und Mama heirateten kirchlich, Place Saint-Germain-des-Prés, in dem Viertel, in dem sich ihr Leben abspielen sollte, nur an Gott glaubten sie nicht mehr. Jesus und die Jungfrau Maria hatten Platz gemacht für Mao und Freud. Du entdeckst, dass es die Psychoanalyse gibt, und findest sie genauso lustig wie die Revolution. Das Kino ist zu dieser Zeit dein Ein und Alles. Meine Eltern sollen dir von den neuesten Filmen erzählen, du treibst dich in Kinosälen herum, um die Premieren zu erleben. Mama meint, du solltest eine Probeaufnahme mitmachen. Ein Freund von ihr, angehender Regisseur, sucht ein junges Mädchen, das aussieht wie die Mouchette in dem gleichnamigen Film von Robert Bresson. Er dreht eine Szene mit dir, entscheidet sich aber schließlich gegen dich, weil du ihm zu schüchtern bist. Mama ist enttäuscht. Denn sie findet, dass du eine besonders starke Ausstrahlung hast, eine natürliche Wildheit. Wenn sie ihn auch nicht dazu bringen kann, die Rolle mit dir zu besetzen, so überredet sie ihn, dir den Filmstreifen zu geben. Ich weiß nicht, ob du ihn aufbewahrt hast.

Du bist noch keine sechzehn und kommst eines Tages mit hochroten Wangen nach Hause. Etwas ganz Besonderes hast du dem jungen Paar zu verkünden, bei dem du wohnst: »Ihr kommt nicht darauf, was ich heute gemacht habe!« Du jubelst jetzt schon über ihre Reaktion und die Sätze purzeln nur so aus dir heraus. Am Nachmittag hast du bei deinem Vater geklingelt, den du seit Jahren nicht gesehen hast. Er hat dich sehr nett empfangen. Von Danièle Delorme ist er geschieden. Nach einer kurzen Affäre mit Ursula Andress lebt er jetzt mit Sylvie Hirsch zusammen, Model bei Dior, mit der er zwei Kinder hat, Manuel und Fiona. Du kannst wiederkommen, hat er gesagt, wann immer du willst. Wirklich, wann immer du willst. Kurz darauf schwänzt du die Schule. Du begleitest stattdessen deinen Vater bei seinen Dreharbeiten. Er nimmt dich überall mit hin, präsentiert dich stolz als seine Tochter. Du bist ja auch bereits so schön, willst so viele Dinge wissen, hast künstlerisches Talent, kannst gut zeichnen. Und du streckst stolz die Brust heraus. Gélin hat eine Karriere hingelegt, bei der viele Schauspieler und Schauspielerinnen seiner Generation blass vor Neid werden. Als schöner, dunkler Jüngling spielte er in den 50er-Jahren bei den ganz Großen mit, von Sacha Guitry bis Jean Cocteau. Mit Alfred Hitchcock drehte er *Der Mann, der zuviel wusste*.

Abends kommst du in die kleine Wohnung zurück und erzählst ausführlich, was du bei den Dreharbeiten erlebt hast. Ohne Unterlass redest du von den Lampen und dem Licht, von der Kamera und dem Kabelsalat, dem Tanz der Techniker, den immer und immer wieder aufs Neue gedrehten Szenen. Ein Traum, den du in deinen Farben ausmalst, als ob du ihn dadurch festhalten könntest. Dort, in dieser Blase, zwischen all den Kulissen, macht man dir Komplimente, interessiert sich für dich. Das gefällt dir.

Gélin nimmt dich nicht nur zu den Drehs mit, er zeigt dir auch das Pariser Nachtleben, die Partys und Diskotheken. Er ist ein Lebemann, der ohne Ende prasst, kaum Grenzen kennt. Im Viertel von Montparnasse ist er einer der Stars und hat den Ruf, unter dem Schein des idealen Schwiegersohns ein ausschweifendes Leben zu führen. Drogen nehme er, verführe nicht nur Frauen, sondern schlafe auch mit Männern. Du bist noch unglaublich jung, und auch wenn du seine Tochter bist, schleppt er dich bis zum Morgengrauen überall mit hin, als wärst du seine letzte Eroberung. Eines Morgens, ganz früh, will er dich unbedingt deinen Brüdern und deiner Schwester vorstellen. Castel hat gerade zugemacht und er will dich nicht fortlassen. »Du wirst doch jetzt nicht schlafen gehen!« Es ist sechs Uhr morgens, als er das Zimmer deiner Halbschwester Fiona betritt, sein Atem ist zum Anzünden. Sie ist zehn Jahre jünger als du und schläft tief und fest. Er rüttelt sie wach: »Fiona, Fiona, hier ist Maria, deine große Schwester.« Sie macht die Augen auf, schaut dich erstaunt an, halb im Schlaf. Du lächelst ihr zu, ein wenig verlegen. Sie schläft wieder ein.

Dein Vater ist plötzlich müde. Er will ins Bett gehen. Er steckt dir einen Geldschein für das Taxi zu, sagt mit ermatteter Stimme »Auf bald!«. Erschöpft kehrst du zu meinen Eltern heim und kannst kein Auge zutun. In deinem Kopf läuft der Abend in Endlosschleife ab, die Bilder und Gesichter überschlagen sich, deine Klamotten riechen nach Rauch und verschüttetem Alkohol. In die Schule gehst du heute definitiv nicht.

Einige Tage später ruft dein Vater an: »Bist du so weit? Ich erwarte dich in zehn Minuten.« Du ziehst dich an, greifst vor dem Spiegel noch schnell zum Kajalstift und machst dich auf den Weg zu ihm. Er nimmt dich mit zu anderen Abenden, anderen Orten, anderen Partys, wo du Leute triffst, die du zuvor in Promi-Zeitschriften gesehen hast. Du gehst mit deinem Vater aus und sprichst ihn weiterhin mit »Monsieur« an.

Du bist sechzehn. Und wieder ziehst du um. Mama erklärt dir, dass du nicht mehr bleiben kannst. Sie ist schwanger, erwartet ein Baby. Mich. Die Wohnung hat nur dieses eine weitere Zimmer, es wird zu eng zu viert. Sie lässt dir Zeit, damit du dich nach etwas Neuem umschauen kannst, es eilt noch nicht, sie sagt es dir lieber ein wenig im Voraus. Du musst eine andere Lösung finden. Vielleicht kehrst du zu deiner Mutter zurück. Meine Ankunft ist dein Weggang. So wurde mir die Geschichte immer erzählt. Jedes Mal, wenn ich sie höre, habe ich das unangenehme Gefühl, dich verjagt zu haben. Wenn du bei Mama und Papa geblieben wärst, wäre womöglich das Unglück an dir vorbeigezogen.

Du bist achtzehn und du tanzt. Du bist nicht mehr das kleine schüchterne Mädchen und auch nicht mehr die grimmige Jugendliche. Du tanzt auf den Tischen der Nachtklubs auf Korsika, du tanzt bei Castel in Paris, du tanzt überall, wo du bist, du tanzt die ganze Nacht. Zu Janis Joplin und Jimi Hendrix, zu Velvet Underground und Jim Morrison. Du tanzt und träumst von Amerika. Ohne einen Gedanken an den nächsten Morgen. In Minirock und abgewetzten Lederjacken, deine Augen sind schwarz geschminkt, deine Handgelenke voller Armreifen. Die Haare lang, wilde Locken. Du tanzt und rauchst. Du tanzt und trinkst. Du tanzt und küsst Jungs, tanzt und küsst Mädchen. Man trifft dich im Select oder in der Coupole. Man sieht dich mit Bulle Ogier, gefolgt von Catherine Deneuve. Eva Ionesco, noch jünger als du, sieht dich am Tisch mit Jean-Pierre Léaud. Deine »völlig ungezügelte Sinnlichkeit« wird ihr in Erinnerung bleiben. Damals habe eine stark geschminkte Frau ihr anvertraut, du seist eine der »Amazonen« von Brigitte Bardot, eine ihrer kleinen Schützlinge. Triumphierend schreitest du in die 70er, die dir die Arme entgegenstrecken.

Du bist neunzehn und besuchst uns weiterhin. Vierzehn Monate nach meiner Geburt kommt mein Bruder auf die Welt. Wir mussten in eine größere Wohnung umziehen. Jetzt hocken wir in diesem Neubauriegel im 13. Arrondissement von Paris, wo du oft vorbeikommst. Wir Kleinen interessieren dich nicht wirklich. Du redest mit den Großen. Mit den Eltern und den Freunden, die vorbeischauen. Zu Hause kommen immer Freunde vorbei. Militante, die mit meinem Vater die Revolution vorbereiten, Lateinamerikaner, die vor Diktaturen fliehen, Arbeiter, Psychoanalytikerinnen, Künstlerinnen. Die Wohnung ist bunt und gemütlich, mit indischen Stoffen an den Wänden, vollgestellt mit barockem Mobiliar, Tischen und Stühlen von der Straße und kostspieligem skandinavischem Design. Du kommst gern hierher, es gibt immer etwas zu essen und zu trinken, Zigaretten und Gras, das die Gäste mitgebracht haben. Meine Eltern führen ein Leben, das ich nicht ganz verstehe, ich wachse in einer verschwommenen, poetischen Welt auf.

Sie gaben mir den Vornamen Vanessa nach Vanessa Redgrave, die sie in *Blow-Up* von Michelangelo Antonioni entdeckt hatten. Auf dem Standesamt mussten sie den Beamten überreden, da mein Vorname nicht im Heiligenkalender auftaucht.

Unser Zuhause ist der Neubaublock und die Oper von Bayreuth. Jeden Sommer fahren meine Eltern zu den Festspielen. Die Callas und Bob Dylan erklingen abwechselnd aus dem Plattenspieler, in dem Metallschrank mit den Falttüren hängen fein säuberlich

Mamas weißes Abendkleid mit den aufgestickten Pailletten und Papas Smoking neben ihren bunten Alltagsklamotten von überallher, alte Nachthemden, die meine Mutter auf dem Flohmarkt gefunden und in der Badewanne gefärbt hat, um daraus Kleider zu machen, stinkende Schaffelle und selbst gestrickte, kratzige Pullover. Ich weiß nicht recht, wer wir sind, ob wir reich oder arm sind, hell- oder dunkelhäutig, bürgerlich oder proletarisch. Ich weiß nur, dass es in meiner Familie brillante Studienabsolventen gab, der Stammbaum seine Zweige überallhin ausgestreckt hat, Politiker, frühere Minister, renommierte Ärzte. Das zähle nicht mehr in einer Welt in der Phase der Abschaffung der Klassen, wo der Arbeiter mehr wert sei als die zwangsläufig dumme Studentin, sagt man mir. Ich kapiere nichts, stelle nur fest, dass meine Eltern anders sind als die meiner Klassenkameraden. Mama hat dunkle Haut und eine Afrofrisur um ihr schönes Gesicht. Mein Vater trägt seine Haare schulterlang. In ihren Klamotten sehen beide aus wie verkleidet. Meine Freundinnen fahren ins Ferienlager, wir aber begeben uns zu Kommunen in den Cevennen. Wir glauben nicht an Gott und auch nicht an den Weihnachtsmann oder den Osterhasen. Mama meint, man darf Kinder nicht belügen. Bei uns zu Hause werden im Fernsehen nur politische Sendungen geschaut, die Zimmer sind vollgestapelt mit Büchern, das Geschirr wird mit der Hand abgewaschen, der Kaffee mit der Mühle gemahlen, Joghurt und Eis selbst gemacht. Mama geht nicht ohne ihre riesenlange Liste an unbedingt zu vermeidenden Farb- und Konservierungsstoffen einkaufen und verbringt Stunden damit, die Zusammensetzung jedes einzelnen Produkts zu überprüfen. Fruchtgummis sind genauso verboten wie Softdrinks, aber manchmal gehen wir im Bistro vom Casino essen und dann sind, zu unserer großen Freude, alle Ernährungsregeln außer Kraft gesetzt. Was aus Amerika kommt, ist untersagt, an erster Stelle das Symbol des Imperialismus, Coca-Cola. Ein riesiges, gesticktes Bild von Karl Marx hängt an der Wand. Der Denker hat ein ernstes Gesicht, aber der Stoff mit seinem Porträt ist weich wie Seide. Kaum konnte ich laufen, bin ich auf den lilafarbenen Plastikhocker geklettert, um ihn zu streicheln. Massendemos und die unter einem Rauchschleier geschürte Revolution gehen Hand in Hand mit Papas anscheinend seriöser Arbeit. Er ist zu jener Zeit hoher Beamter im Finanzministerium. Manchmal nimmt er uns in diese angestaubte, mysteriöse Schatulle im Palais du Louvre mit und lädt uns in die Kantine ein, wo wir uns über die Pommes und das Mousse au Chocolat hermachen. Dann besichtigen wir mit ihm die Büros. Ich mag besonders den Computerraum, mit gigantischen Metallblöcken, die vom Boden bis zur Decke mit Kabeln durchzogen sind und mit einem entsetzlichen Lärm Lochkarten ausspucken, die anscheinend wichtige Informationen enthalten. Ich stelle fest, dass mein Vater seinen Bürokollegen genauso wenig ähnelt wie den Papas meiner Freundinnen. Er besitzt weder den klassischen Anzug noch Krawatte, er frisiert sich nicht die Haare, strickt seine Pullover mit großen Plastiknadeln selbst, trägt Lila, Rosa oder Yves-Klein-Blau und dazu Clogs. Meine Mutter ist entsprechend gekleidet, Afro à la Angela Davis, von der ich damals noch nichts gehört hatte. Ich finde sie beide wunderschön. Und dich auch, wie du mit deinen Umhängetaschen und deinen Floh-markt-Klamotten losziehst. Ihr seid frei und jung und großartig. An eurer Seite, in eurem Windschatten fühle ich mich privilegiert, wenn ich euch unterhake und euren Gesprächen lausche, den unbekannten Wörtern und Konzepten. Das war, bevor ich verstand, was für eine Familie wir sind, bevor die Scham begann.

Du bist keine achtzehn Jahre alt und Alain Delon liebt dich wie eine kleine Schwester. Dein Vater hat ihn dir vorgestellt. Das Kino ist dein großer Traum. Du darfst Delon während der Dreharbeiten begleiten. Er wirft deinen Namen in die Runde und niemand traut sich ihm zu sagen, dass deine Anwesenheit stört. Du heftest dich an seine Fersen, beobachtest all seine Gesten, die Intensität seines Schauspiels. Du sonnst dich in seinem Charisma, seiner Kraft, seinem ungezähmten Sein. Er gilt als hart, bösartig, gefährlich. Dir gegenüber aber zeigt er sich von seiner sanften Seite. Er bietet dir seine Hilfe an, damit du kleine Auftritte bekommst. Er beschafft dir eine Rolle in *Madly*, einem Film von Roger Kahane, der 1969 in den Kinos läuft. Es ist eine Dreiecksgeschichte, in der seine damalige Geliebte, Mireille Darc, die betrogene Ehefrau spielt. Das Drehbuch basiert auf ihrer echten Beziehung zu Maddly Bamy, einer schönen Guadeloupin und späteren Partnerin von Jacques Brel. Die Presse schreibt zum ersten Mal über dich und dein Debüt. Allerdings tauft sie dich »Maria Gélin«, sicherlich wegen des Wiedererkennungseffekts für ihre Leserschaft.

Auf einem Foto der Dreharbeiten umarmt dich Delon mit einer zärtlichen und zugleich beschützenden Geste. Er trägt die Haare länger als sonst, ein weißes Hemd, eine schwarze Hose mit leichtem Schlag und kantige Mokassins. Einen Kaschmirpullover hat er um die Schultern gebunden. Dein Look ist so anders als seine brave Aufmachung: Du bist ein junges Mädchen deiner Zeit. In hellem Jeans-Minirock, der gerade so über den

Hintern geht, mit breitem Nietengürtel um die Taille, hohen Stiefeln, die deine schlanken Beine betonen. Über einer Schulter hängt eine gestrickte Umhängetasche. Die Aufnahme könnte aus einem französischen Dorf stammen, irgendeinem. Ihr lehnt an einem Metallgeländer über einem Bach, alte Mauersteine, wilder herunterhängender Wein. Auf dem Foto lacht ihr beide. Alain Delon hat mit seiner atemberaubenden Schönheit längst den Rang des Starschauspielers erlangt. Du hast dieses siegesgewisse Lächeln von ungeliebten Kindern, die ihre Chance auf Revanche im Leben bekommen. Die Zukunft liegt dir zu Füßen und die Größten der Kinobranche sagen dir eine steile Karriere voraus. Der Film hat keinen Erfolg beim Publikum. Egal. Dein Name taucht im Abspann auf. Du bist siebzehn Jahre alt, und ich bin gerade auf die Welt gekommen.

In Saint-Roch hallen die Worte von Brigitte Bardot in der tiefen Stimme von Alain Delon wider. Berührend sind sie und unbeholfen. »Mit dem ewigen Mädchengesicht und dem Wesen einer kleinen Wildkatze hat sie die Welt mit der Wucht eines brennenden Meteoriten erobert, der alles, an dem er vorbeizieht, zu Staub macht. Strahlend und doch vorbeiziehend. Ihren samtweichen Körper hat sie einem Marlon Brando auf dem Gipfel seines Ruhms hingegeben, mit Frechheit, Schamlosigkeit hat sie schockiert und durch ihre Dreistigkeit eine ganze Epoche geprägt, die sie von da an verkörperte. Dahinter aber, hinter diesen Bildern, versteckte sich ein kleines, verlorenes Herz, eine Göre auf Abwegen, ohne Anker, die unvorbereitet ganz nach oben katapultiert wurde, ohne Fallschirm in die Tiefe stürzte und allen Exzessen ausgesetzt war, um die Leere eines Ruhms zu füllen, der sie verlassen hat.«

Das Schicksal hat dich und Brigitte Bardot zusammengeführt. Bei ihr hast du gewohnt, nachdem du bei meinen Eltern ausgezogen bist. Sie kannte deine Mutter, als diese schwanger war. In dem Jahr, als du geboren wurdest, waren dein Vater und seine Ehefrau, Danièle Delorme, Trauzeugen bei Bardots Hochzeit mit Roger Vadim. Sie war achtzehn, zu jener Zeit war man erst mit einundzwanzig volljährig. Ihr Vater hatte eine Sondergenehmigung für die Heirat erteilen müssen, nachdem sie in einem Selbstmordversuch ihr hübsches Gesicht über einen Herd mit aufgedrehtem Gashahn gehalten hatte. 1969, in meinem Geburtsjahr, trittst du in *Oh, diese Frauen* auf, dem Film von Jean Aurel mit Brigitte Bardot als Starbesetzung. Sie hat dich zufällig in den Filmstudios von Boulogne-Billancourt entdeckt. Und sich wohl in deinem Raubtierkatzenblick wiedererkannt. Sie hat dich angesprochen, du hast ihr ganz ungezwungen geantwortet. Nichts und niemand hat dich beeindruckt, nicht einmal das größte Sexsymbol der Filmgeschichte in der zweiten Hälfte des 20. Jahrhunderts. Du erzählst ihr, dass du eine Unterkunft brauchst, sie gibt dir ihre Adresse. Am nächsten Abend, es ist schon dunkel, stehst du in Jeans, Bluse und Turnschuhen vor ihrer Tür, vor der Nummer 71 der Avenue Paul-Doumer, im 16. Arrondissement von Paris. Mit nicht einmal siebzehn Jahren wirst du bei Brigitte Bardot wohnen.

Du ruhst in einem Sarg, der mitten in dieser Kirche Saint-Roch zu klein wirkt. Mein Onkel George ergreift das Wort, um an dich zu erinnern. Er sagt Dinge über dich, die du gern gehört hättest, voller Liebe. Nicht die, bei denen dir übel geworden wäre. Den Titel des Films, der dich berühmt und berüchtigt gemacht hat, nennt er nicht. *Der letzte Tango in Paris* wird um den Katafalk nicht erwähnt. In seiner zärtlichen Rede erinnert er sich lieber an deine Haare im Wind, wie du lauthals im Cabrio lachst, Jack Nicholson am Steuer, mit dem du auf der Leinwand in *Beruf: Reporter* von Michelangelo Antonioni zu sehen warst. Seit Jahrzehnten wolltest du nicht mehr über den *Tango* sprechen. Sobald dieser Tanz, der dich ins Straucheln brachte, in deinem Beisein genannt wurde, bist du erstarrt. In einem Video mit dir aus dem Jahr 1983, mehr als zehn Jahre nach dem Film, flehst du die Frau, die dich befragt, mit betenden Händen an: »Nein, Erbarmen. Nein, ich möchte nicht über den *Tango* sprechen.« Anlass für das Interview war deine jüngste Rolle in *Der Betrüger* von Luigi Comencini, aber der Film weckt nicht das Interesse der Journalistin, er ist nur Vorwand, um dich kennenzulernen. Sie will den *Tango*, wie alle anderen, zwingt dich, davon immer und immer wieder zu erzählen. Du bleibst beharrlich, freundlich und gelassen, deine tiefe Stimme wird träge. »Man verbindet mich immer damit. Überall habe ich den *Tango* im Schlepptau, es reicht!« Und du erklärst: »Ich habe Filme davor gedreht. Ich hätte so oder so gedreht.« Ich weiß nicht, ob du wirklich daran geglaubt hast, an eine Filmkarriere ohne den *Tango*. Du hast es oft wiederholt, du wolltest dir unbedingt einreden, dass das möglich gewesen wäre. Du versuchst, einen Ausgang aus diesem belastenden Gespräch zu finden. »Mir wäre es lieber, wir würden über *Beruf: Reporter* sprechen, dieser Film ist mir näher.« Die Journalistin antwortet nicht. Du interessierst sie nicht mehr.

Wusstest du, Maria, dass du für die Jeanne gar nicht vorgesehen warst? Für dieses Kammerstück in einer französischen Wohnung, in der Paul, ein Typ, fünfundvierzig, dessen Frau sich gerade umgebracht hat, zwei Tage voller Sex und zunehmender Gewalt mit einer zwanzigjährigen Frau erlebt, hat Bernardo Bertolucci nicht zuerst an dich gedacht. Den Gerüchten nach wollte er eine Geschichte unter Männern, hat die Idee dann aber aufgegeben. Bertolucci ist zu der Zeit ein angesagter Regisseur. 1970 überzeugt er die Kritik mit seinem Film *Der große Irrtum*. Mit dem *Tango* will er die Schattenseite der sexuellen Befreiung beleuchten. Für die Rolle des Pauls fragt er zuerst Jean-Louis Trintignant an, mit dem er gerade gedreht hat. Der Schauspieler springt nicht auf das Szenario an, lehnt ab: »In deinem Film machen sie die ganze Zeit Liebe. Ich schaffe es nicht, mich nackt zu zeigen, tut mir leid.« Für die Rolle der jungen Frau will er Dominique Sanda haben, der du oft im Dunst der Diskotheken deiner Pariser Nächte begegnest. Da sie von dem Schauspieler Christian Marquand schwanger ist, sagt sie ab. Bertoluccis Idee, das Paar aus *Der große Irrtum* wiederaufleben zu lassen, fällt ins Wasser. Er beschließt daraufhin, sich nach Paris zu begeben, um die zwei bekanntesten Schauspieler ihrer Zeit zu treffen, Jean-Paul Belmondo und Alain Delon. Belmondo lehnt ein Treffen ab: »Ich mache keine Pornofilme.« Zeit zu verlieren, ist nicht seine Sache. Delon macht auf Delon und lässt sich nicht in die Karten schauen, sagt weder zu noch ab, schlägt einen zeitlichen Rahmen für die Produktion vor. Bertolucci kommt nicht voran, das

Casting stockt. Ein Freund von ihm wirft den Namen Marlon Brando ein. Der mythische Schauspieler des US-amerikanischen Kinos hat seinen Glanz verloren. Ein kommerzieller Misserfolg folgte dem nächsten, die Hollywood-Studios haben ihn in die Kategorie »has been« eingestuft. Er ist siebenundvierzig Jahre alt, gealtert, dick geworden. Er hat Geldprobleme, nachdem er ein polynesisches Atoll gekauft hatte, das sich als finanzielles Desaster herausstellte. Seine Wiederauferstehung naht, aber er weiß noch nichts davon. Sie ist schon fast greifbar, in Reichweite der Kamera, durch zwei junge Regisseure, Francis Ford Coppola, der 1971 für *Der Pate* an ihn denkt, und Bertolucci, für den er schließlich die Rolle des Paul annimmt. Ihn zu überzeugen, war nicht leicht. Bei einem ersten Treffen im Hotel Raphael in Paris stellt Bertolucci sein Filmprojekt vor: die Geschichte zwischen einem Mann und einer Frau, die nur über ihre animalischen Körper kommunizieren und jegliche soziale Identität aufgeben. Marlon schmollt, so leicht lässt er sich nicht bezwingen. Er murrt, runzelt die Stirn, ist aber immerhin gewillt, *Der große Irrtum* zu sichten. Er kehrt mit dem Film im Gepäck in die USA zurück. Einige Wochen später ruft er den Italiener an und lädt ihn für zwei Wochen zu sich nach Los Angeles ein, um über den *Tango* zu reden. Nach stundenlangen Verhandlungen nimmt Brando die Rolle gegen ein Honorar von 250 000 Dollar und zehn Prozent Beteiligung an den Einnahmen an. Für die damalige Zeit eine enorme Summe. Bertolucci muss jetzt nur noch eine Partnerin für den Löwen finden. Er hat dich auf einem Foto mit Dominique Sanda, deren Freundin du geworden bist, gesehen. Seine Pariser Assistenten raten ihm ab, dich zu nehmen. »Es hieß von ihr«, wird der Regisseur Jahre später erzählen, »sie sei ein Mädchen, das man jede Nacht bei Castel tanzen sieht.« Und fügt dann hinzu: »Niemand sah in ihr, was ich gesehen habe, etwas Wildes hinter diesem androgynen Körper mit den riesigen Brüsten.« Schon bei eurem ersten Treffen wird er dich auffordern, deinen überbordenden Busen operieren zu lassen. Du weigerst dich. Dein einziger Akt des Aufbegehrens. Alles danach wird dir aufgezwungen.

Du zögerst. Du hast »das Szenario nicht ganz verstanden«, wie du später eingestehen wirst, aber was es an Gefährlichem und Waghalsigem enthält, bekommst du mit. Dein Agent zerstreut deine Befürchtungen mit Argumenten, gegen die du nicht ankommen kannst. »Eine erste Rolle mit Marlon Brando, das lehnt man nicht ab.« Du bist neunzehn, minderjährig und drauf und dran, dich in den größten Skandalfilm der 70er zu begeben. Deine Mutter unterschreibt eine Erlaubnis, damit du die Rolle bekommst.

Du triffst Marlon Brando zum ersten Mal auf der Brücke von Passy, wo eine Szene gedreht werden soll. Als du siehst, dass er Absatzschuhe trägt, musst du lächeln. So groß ist er also auch wieder nicht. Damit solltest du klarkommen. Du kriegst keine kalten Füße. Dabei hat Bertolucci beschlossen, dich langsam heranzuführen, indem er dich zu Beginn einige Szenen mit Jean-Pierre Léaud, dem Kultschauspieler von Godard und Truffaut, drehen lässt, der deinen jungen Liebhaber mimt. Er will dich nicht gleich dem Monster aussetzen. Aus Sorge, du könntest eingeschüchtert sein. Brando aber ist es, entgegen allen Erwartungen. Hinter seinem kantigen Kiefer und seiner sehr tiefen Stimme nimmst du eine kindliche Sanftheit wahr. Er versucht, dein Vertrauen zu gewinnen. Die erste Frage, die er dir stellt, betrifft dein Sternzeichen. Das wundert dich nicht, beschäftigst du dich doch selbst viel mit Astrologie. Du antwortest: »Widder.« Er sagt: »Ich auch.« »Aszendent?« »Waage.« »Das trifft sich gut«, meint er. »Wir werden uns wunderbar verstehen, denn ich glaube, wir haben ein paar intime Szenen miteinander.« Er gibt dir einen Kuss auf die Wange, wie es ein Vater bei seiner Tochter tun würde.

Die Szene eures ersten richtigen gemeinsamen Drehs spielt in einem Bett. Immerhin bist du in Stimmung. Wenn du noch Zweifel an der Art des Films gehabt hättest, wärst du wohl spätestens jetzt erstarrt. Für die Nackt- und Sexszenen hat Bertolucci der Forderung Brandos nachgegeben, mit einem kleinen Team zu drehen. Niemand von außen schaut zu. Fotografen und Schaulustige warten den ganzen Tag auf der Straße, in der Hoffnung, euch zu erspähen. Manche haben sogar eine Wohnung gegenüber angemietet. Einzig und allein Jeanne Moreau, dickköpfig und neugierig, wie sie ist, schafft es eines Tages, die Absperrungen zu durchbrechen. In ganz Paris raunt man sich zu, dass der Italiener dabei sei, ein ungewöhnlich verstörendes Werk zu schaffen.

Marlon Brando stellt seine Bedingungen, legt die Regeln für alle am Set fest: keine erste, zweite und dritte Klasse, alle sollen das Gleiche essen. In den Pausen gibt es alkoholische Aperitifs und Sandwichs, die er aus seiner Tasche bezahlt. »Er hat sich respektvoll gegenüber anderen verhalten, egal wie bedeutend oder unbedeutend sie waren«, wirst du später sagen. »Ich werde mich mein Leben lang an ihn als integren, großzügigen Mann erinnern.«

Brando verlässt das Set um 18 Uhr und kehrt in sein Hotel zurück, er weigert sich, am Wochenende zu arbeiten. Bertolucci lässt ihm alles durchgehen. Dir gewährt er keine Atempause. Eine Aufnahme folgt der nächsten, bis Mitternacht, und am Wochenende drehst du mit Jean-Pierre Léaud. Es ist kein Marathon, es ist ein

Abschlachten. Du bist ausgelaugt. In den fünfzehn Wochen Dreharbeiten nimmst du zehn Kilo ab. Die Techniker sehen dich oft in Tränen ausbrechen. Einige trösten dich mit einem Blick oder ein paar netten Worten, andere gehen über deine Verzweiflung einfach hinweg. Sie soll sich bloß nicht noch beschweren, die kleine Unbekannte, hat schon Glück genug, dass sie mit dem großen Brando spielen darf. Manchmal wagst du es, dem Regisseur gegenüber zu protestieren. Vierzehn Stunden Dreh am Tag, das ist zu viel … Bertolucci fertigt dich ab und schaut dir dabei nicht einmal in die Augen. »Du bist ein Nichts. Ich habe dich entdeckt, also zieh Leine.«

Dem Italiener ist schnell klar, dass er mit dem Feuer spielt. Die Teams mussten Vertraulichkeitsvereinbarungen unterzeichnen. Bertolucci jubelt. Das Duo Marlon–Maria funktioniert gut, das Mädchen ist fügsam, der Schauspieler bringt seine Brüche in die Rolle ein und eine Intensität, von der er nicht zu träumen gewagt hatte. Brando berät, schlägt Kameraeinstellungen und Schauspiel vor, eignet sich den Film an. Bertolucci ist fasziniert von der Erfahrung und Autorität des Hollywood-Schwergewichts, dem er sich mit Freude unterordnet. Ist Unterwerfung nicht das Thema des Films? Du beobachtest dieses Duo, schaust fasziniert zu, wie Brando die Kontrolle übernimmt. Du kommst immer im letzten Moment, man holt dich nur für die Beleuchtungsproben, du drehst deine Szene und dann spricht niemand mehr mit dir. Du hast nie auch nur das geringste Gespräch mit Bertolucci. In seinen Augen existierst du nicht. Ihn interessiert nur Brando.

Und ihn beschäftigen Bild und Licht. Er will einen Film in Orange, der Farbe der 70er-Jahre, der Hippies, der Saris und der indischen Gewürze, des Designs, der Tuniken der Gurus, von denen es in den Gemeinschaften, in denen wir damals gelebt haben, nur so wimmelt, der Farbe der Sonne Kaliforniens, Symbol von Energie und Vitalität. Die ersten Muster beruhigen ihn, er hat es geschafft, dem Film den gewünschten Farbton zu geben. In der Wohnung mit den geschlossenen Fensterläden dreht er eine Aufnahme nach der anderen, aber er ist noch nicht zufrieden. Es fehlt ihm etwas, eine weitere Eskalationsstufe der sexuellen Gewalt, ein kritisches

Ereignis, an der Grenze des Zumutbaren, das aus dem Film einen echten Skandal macht. Eines Morgens nimmt er Brando zur Seite, schlägt ihm eine Analsexszene vor, die im Drehbuch nicht vorgesehen ist. Die beiden Männer sind sich einig: Maria darf davon nichts wissen, sie darf nicht gewarnt werden, es braucht diesen Überraschungseffekt. Spürst du die besondere Atmosphäre am Set, die komplizenhaften Blicke zwischen Technikern, Regisseur und Schauspieler? Oder bist du zu müde für irgendeine Vorahnung? Wer kam auf die Idee mit der Butter? Brando, wie Bertolucci sagt? Bertolucci, wie Brando vorgibt? Kamera läuft. Maria und Marlon liegen angezogen auf dem Boden. Plötzlich dreht er dich unsanft auf den Bauch, zieht deine Jeans herunter, greift zu einem Stück Butter, schmiert sie dir zwischen die Beine und presst sich auf dich. Du wehrst dich, du schreist, du weinst. Du kannst nicht entkommen, Brandos Körper drückt dich nieder. Bertolucci filmt dein Entsetzen und deine Wut. Nur eine einzige Sequenz. Er sagt: »Gut!« Sie dauert nicht lange, für dich aber eine Ewigkeit. Brando lässt von dir, du springst auf. Schaust beide an, mit Mordgelüsten in deinen dunklen, verweinten Augen. Vor lauter Zorn zerstörst du das Set, zerreißt einen Vorhang, zerschmetterst eine Vase, eine Lampe und wirfst Gegenstände auf den Parkettboden. Du flüchtest in deine Umkleide. Du bewegst dich nicht mehr, bist wie versteinert. Der Regisseur macht sich nichts daraus, er hat bekommen, was er wollte, besser hätte es nicht laufen können. »Sie brüllte mich an, dann Marlon, die Männer«, kommentiert er Jahre später kühl, als er sich an diese Szene erinnert.

Aufgelöst verlässt du das Set. Dir ist klar, dass diese Aufnahme dich für immer brandmarkt, wie ein misslungenes Tattoo, das man ein Leben lang versucht zu verstecken. Es spielt keine Rolle, dass die anale Penetration simuliert wurde, du fühlst dich vergewaltigt, beschmutzt. Du wusstest damals noch nicht, dass du im Schnitt hättest verhindern können, dass diese Szene im Film gezeigt wird, schließlich stand sie nicht in dem von dir akzeptierten Drehbuch. Du hättest dir einen Anwalt nehmen können, den Produzenten verklagen und Bertolucci dazu zwingen, die Szene herauszuschneiden. Du hattest keine Ahnung vom Filmgeschäft, von seinen Regeln und Gesetzen. Du warst jung, allein, schlecht beraten. Das perfekte Opfer.

Sein Ruf eilt dem Film voraus. Die Rückkehr des großen Marlon, ein neues Gesicht, sinnliche und provokante Schönheit, bekannt nur unter Nachtklubgängern, betörend auf der Leinwand. Bertolucci sei zu weit gegangen. Die Vorpremiere, wenige Wochen vor Weihnachten, verströmt einen Hauch von Skandal. Schnell sucht man sich einen freien Platz. Schon bei den ersten Szenen des Films herrscht eisiges Unwohlsein. Jean-Luc Godard hält es kaum zehn Minuten aus, dann verlässt er wutentbrannt den Saal. Und brüllt: »Scheußlich!« Du hörst es nicht. Du wolltest lieber draußen warten, gehst dort auf und ab, stampfst vor Kälte auf den Asphalt, in Jeans, Stiefeln und einem dünnen Mantel, der dich nicht warm genug hält. Die Geräusche von drinnen dringen nicht bis zu dir. Am Ende der Vorführung verlassen die geladenen Gäste peinlich berührt das Kino, bleierne Stille. Sie gehen an dir vorbei, ohne dich zu sehen. Die, die dich erkennen, schauen weg, tun so, als wärst du nicht da auf dem Bürgersteig, wo du eine nach der anderen rauchst. Nur eine einzige Person bleibt stehen. Es ist die Schauspielerin Jean Seberg, vierzehn Jahre älter als du, so blond wie du brünett bist, sie hat an der Universität von Iowa studiert, als du noch ein Kind warst. Du hast sie in der Rolle der Jeanne d'Arc in der *Saint Joan*-Verfilmung von Otto Preminger und in *Bonjour Tristesse* gesehen, in Godards *Außer Atem*, in *Lilith* von Robert Rossen und den Filmen von Romain Gary. Ihr habt, auch wenn es dir natürlich nicht bewusst ist, die Begegnung mit Marlon Brando gemeinsam: Aus Bewunderung für ihn hat sie mit zwölf entschieden,

Schauspielerin zu werden. Sie drückt dich lange. Ihre Arme umfassen deinen zierlichen Körper. Sie ist nicht mehr die Jean Seberg von früher. Die steile Karriere liegt hinter ihr. Die frische und strahlende Patricia in *Außer Atem* an der Seite von Jean-Paul Belmondo in dem Film von Jean-Luc Godard ist von traurigen Liebschaften und einem abgrundtiefen Kummer zerfressen und ertränkt ihn im Alkohol. Drogen- und Medikamentenmissbrauch, Klinikaufenthalte, Selbstmordversuche folgen. Die Ikone der Nouvelle Vague spielt nur noch in kleinen No-Budget-Filmen mit. Ihre Ehe mit dem französischen Schriftsteller und Diplomaten Romain Gary wurde geschieden. Zwei Jahre vor dem *Tango* ist ihre Tochter Nina kurz nach der Geburt gestorben. Im September 1979 wird ihr Körper, leblos, in eine Decke eingewickelt, zwischen Vorder- und Rücksitzen ihres weißen Renaults in einer Straße des 16. Pariser Arrondissement gefunden.

An diesem Tag begegnet ihr euch zum ersten Mal, aber die Wärme, die ihr zarter Körper bei der Umarmung ausstrahlt, ist dir vertraut. Es ist die Wärme knochiger Mädchen und verängstigter Vögel. Sie drückt ihr Gesicht in das Meer deiner braunen Locken und flüstert dir ins Ohr: »Halten Sie durch!«

Le Dernier Tango à Paris kommt am 15. Dezember 1972 in die Kinos. Er wird auf den Index gesetzt und für Minderjährige verboten, was die Neugier eher entfacht. Sofort wird der Film zum Skandal. In Italien wird Klage eingereicht. Eine hitzige Debatte entbrennt im Stiefelstaat. Katholiken mobilisieren sich, die Linke sieht die Meinungsfreiheit in Gefahr. Der *Tango* wird zum Symbol einer Schlacht, die über ihn hinausgeht, es ist ein uralter Streit zwischen den Befürwortern einer gewissen moralischen Ordnung und den Verteidigern der künstlerischen Freiheit, zwischen Spaßbremsen und Quertreibern. Die italienische Justiz verurteilt Bertolucci, Brando und Schneider zu zwei Monaten Haft auf Bewährung. Die Kopien des Films werden vernichtet. Für Bertolucci ist es ein Triumph: Über seinen Film wird leidenschaftlich gestritten, in Bars und Restaurants, unter Künstlern und Künstlerinnen und Entscheidungsträgern. Der *Tango* wird politisch, er entwirft seine eigene Weltkarte. In Diktaturen wird er verboten, in der Sowjetunion und im franquistischen Spanien. Demokratien machen sich stark für den Verleih. In New York wird er zuerst in einem einzigen Kino gezeigt, die Tickets gehen eine Woche vorher über den Ladentisch. Du reist zur Vorpremiere an und wirst bejubelt, gefeiert. Du bekommst einen Geschmack deines Erfolgs, aber du bleibst auf der Hut. Du weißt nicht, was du davon halten sollst. Noch immer begreifst du nicht, was geschieht, warum man dich ausbuht oder mit Komplimenten überhäuft. Du bist zwanzig Jahre alt. Innerhalb weniger Wochen bist du in der ganzen Welt berühmt geworden, für eine Rolle, die sich – du ahnst es – wie ein Leichentuch über deine Träume legen wird.

Während deine Karriere beginnt, beendet Brigitte Bardot ihre offiziell. Sie werde keine Filme mehr drehen, sie habe vom Kino die Schnauze voll. Ab sofort wolle sie sich Tieren widmen, denn, so versichert sie dir, die seien mehr wert als Menschen. Du hörst ihr zu, es kommt nicht überraschend, aber es beunruhigt dich trotzdem. Ihr zu widersprechen ist zwecklos, das weißt du, an der Entscheidung gibt es nichts zu rütteln. Außerdem halte sie es in Paris nicht mehr aus, fügt sie hinzu. Sie werde nach Saint-Tropez ziehen. In den Ort ihrer Kindheit, der Familienurlaube. Das Dorf, in dem ihr Erfolg mit *Und immer lockt das Weib* von Roger Vadim begann, wird zu ihrem Rückzugsort werden. Es ist das Jahr 1973, du verlässt die Avenue Paul-Doumer.

Der Filmstart des *Tango* ruft innerhalb deiner Familie einen Mix aus Unbehagen und Schrecken hervor. Dein Halbbruder Manuel, der sechs Jahre jünger ist als du, fragt seinen Vater, Daniel Gélin, aus: »Alle reden von diesem Film. Die Leute sagen, dass das deine Tochter ist.« »Blödsinn«, antwortet er, »das ist eine Schauspielerin, die gerade erst anfängt.«

Bei uns zu Hause spricht man nicht über den Film. Er wird nie erwähnt. Nicht vor Maria und auch nicht, wenn sie weg ist. Der *Tango* ist eine verbotene Zone, in die man sich nicht hineinwagt. Das erste Mal höre ich von dem Film auf dem Schulhof, kichernde Mädchen rufen einen Satz, der wie eine Ohrfeige schallt: »Hol die Butter!« Am Anfang höre ich darüber hinweg, ich kann mir keinen Reim darauf machen. Aber Tag für Tag wiederholt er sich. Ich habe absolut keine Ahnung, was man von mir will. Ich erzähle es meiner Mutter und frage sie. »Das ist wegen des Films«, antwortet sie mit gelangweilter Miene, »mach dir nichts daraus.«

Diese Szene war dein Kreuz, das du zu tragen hattest. Dein ganzes Leben lang musstest du zweifelhafte Witze und anzügliche Sprüche aushalten. Im Restaurant bietet dir ein spöttelnder Kellner eine Portion Butter an und zwinkert dir dabei zu. Im Flugzeug stellt eine Stewardess ein Stück Butter auf dein Tablett, ohne dass du es bestellt hast. In Rom, wo du *Das ganz große Ding* von René Clément drehst, wirst du auf der Straße beschimpft. Manchmal geschlagen, geohrfeigt. Eine Zeitung titelt: »Maria macht ihre Buttergeschäfte in Rom.« Ein Milchprodukthändler wirbt mit deinem Porträt auf dem Etikett. Den Schmerz angesichts dieser unerhörten Gewalt verbirgst du hinter einem Lachen und scherzt: »Ich koche jetzt nur noch mit Olivenöl.« Mehr als dreißig Jahre später nimmst du es mit Humor, wenn das Thema auf den Tisch kommt.

Kann man Maria lieben? Die Presse dreht und wendet diese Frage im Jahr 1972 und findet keine Antwort darauf. Die Feministen sind in den Krieg gegen den Film gezogen. Diese Fiktion gehe zu weit, unter dem Mantel der sexuellen Freiheit symbolisiere sie die Entfremdung der Frau, die totale Unterwerfung unter die Begierden des Mannes. Sie führen das junge Alter der Schauspielerin an, ihre kindlichen Wangenknochen und ihre Verlorenheit in den Augen, anscheinend habe sie nicht gewusst, was sie tat, was man von ihr erwartete, ob sie gerade missbraucht wurde. Sie betonen den Altersunterschied zwischen Maria und Marlon, diese fast dreißig Jahre, die sie trennen. Sie stellen fest, dass sie in jeder oder fast jeder Einstellung nackt ist. Man sieht ihren Po, ihre Brüste, ihr Geschlecht, ihre Haare, während er bekleidet ist. »Brando wollte nicht nackt sein«, erklärt Bertolucci später. Zahlreiche Zuschauer und Zuschauerinnen teilen ihr Unwohlsein in den Artikeln zum Film: Hat dieses dahergelaufene, minderjährige Mädchen wirklich Lust, so vorgeführt zu werden? Und dann ist da diese Szene, die berühmte Szene, die Nötigung zum Analverkehr mit dem Nachhall von Marias Schreien. Damals weiß noch niemand, dass ihr diese Szene aufgezwungen wurde, aber einige meinen, einen ungespielten Protest, einen lautstarken und offensichtlichen Schmerz zu erkennen.

In den Frauenmagazinen wissen sie nicht, wie sie das Thema anpacken sollen. Sie sind von Marias Schönheit fasziniert, von ihrer ungezähmten Mähne, der provozierenden Ausstrahlung ihrer entblößten und dargebotenen Nacktheit. Sie sind hingerissen und gleichzeitig in Bedrängnis. In Marias Augen liegen Traurigkeit und Gefahr, wie eine Wolke, die sich bei nahendem Gewitter verdunkelt. Ein angekündigtes Versprechen eines Desasters. In der Zeitschrift *Elle* entscheidet man sich für eine unentschiedene Haltung. Man übernimmt die Kritik der Feministinnen und bittet gleichzeitig um ein Treffen mit Maria. Wie kann man auch vorbeigehen an einer neuen Schauspielerin, die nach Sex riecht, nach Leid und Lust, und bei der alle spüren, dass es bei ihr genug Stoff gäbe für eine Endlosserie rund um die Verfluchung einer zu schönen Frau, die für ihre Unerschrockenheit und ihre Fehlentscheidungen bestraft wird.

Erst nach Marias Tod habe ich den ersten Artikel in *Elle* über sie entdeckt. Er befand sich nicht in dem Stapel alter Zeitschriften meiner Mutter auf dem Land, die ich früher aus purer Langeweile durchgeblättert hatte. Wie *Elle* es damals bis zu uns geschafft hat, bleibt mir ein Rätsel. Wie konnte sich Mama überhaupt diesen Eigensinn erlauben, während mein Vater uns allen seine revolutionäre Askese aufzwang? *Elle* zu lesen, gehörte sich nicht. Die Zeitschrift verkörpert das reine Vergnügen, eine Ansammlung an Nichtigkeiten. In *Elle* steht, was wir nicht kannten: Mode, Ferien in der Sonne, Mittelmeer, Schönheitscremes, während doch das Ziel der Organisation, für die Vater arbeitet, darin besteht, die Welt zu verändern. Im Wohnzimmer hängt ein großes Plakat zu Ehren der Viet-Minh, das uns daran erinnern soll, dass wir nicht zum Spaß hier sind. Oben auf dem Schrank liegen ein Motorradhelm und eine Keule, die Ausstattung des perfekten Demonstranten, der es mit den Bullen aufnehmen will. Unser Spielzeug ist aus Holz oder Stoff und stammt von weit her, aus Ländern, deren Kampf unterstützt wird. Plastikwaffen sind untersagt genauso wie Barbie-Puppen, das Symbol der Frau als Objekt. Unsere Abendlektüren handeln von China, dessen Sprache mein Vater lernen wollte, für den Fall der Fälle. Die Geschichten spielen in der Steppe, kleine Hirten, verloren mit ihrer Herde im Schnee, Hunger, Kälte, der nahende Tod und Kinder, die vom großen Präsidenten Mao gerettet werden. Wir essen an einer alten Werkzeugbank, die man in einer Scheune fand und deren vermorschte Holzbeine abgesägt wurden, es ist für alle wirklich unbequem, so tief zu sitzen. Im Garten bauen wir Obst und Gemüse an, das Ganze geht ziemlich schnell wieder ein, da keiner von uns einen grünen Daumen hat. Jedes Gespräch dreht sich um Politik. Um die bevorstehenden Demos, die künftigen Kämpfe. Das alles barfuß, mit langen Haaren, in bunten Umhängen, geflickten Jeans oder abgewetzten Cordhosen. Gitarre wird gespielt, und mein Vater trommelt auf den Tablas.

Und doch hat sich *Elle* in dieses revolutionäre Landhaus-Kloster eingeschleust. Denn das Magazin propagiert schließlich die Gleichheit zwischen Mann und Frau, das Recht auf Abtreibung und sexuelle Freiheit – Werte, denen sich auch die Linke verpflichtet fühlt. Trotz der Berührungsängste in Bezug auf den *Tango* kann es sich das Wochenmagazin nicht erlauben, Maria zu ignorieren. Dieses Dilemma versucht die Journalistin Marie-Laure Bouly Ende 1972 zu beheben, indem sie ihren Artikel mit einem gründlichen Verriss des Spielfilms beginnt. »Ein steifer Film, der die Grenzen des Zuweitgehens immer noch ausdehnt.« Sie beschreibt anschließend eine junge Schauspielerin, die sie anscheinend nicht versteht, launisches Kind und Femme fatale zugleich, in einem King-Size-Pelzmantel, den sie auf dem Londoner Kensington Market gekauft hat. Frei, zu frei. Viel Material scheint die Journalistin nicht zu haben. Ihren Bericht hat sie mit Satzfetzen gespickt, die sie Maria entrissen hat, und macht sich dabei nicht einmal die Mühe zu erläutern, in welchem Zusammenhang sie gesagt wurden. Schließlich endet Marie-Laure Bouly mit dem brutalen Abgang der Newcomerin und den Worten: »Maria Schneider ist wieder weg, wahrscheinlich weit weg.« Zu behaupten, dass es ihr an Gespür mangele, wäre wohl untertrieben. Der Filmstart des *Tango* ähnelt einer Explosion, deren Schockwelle dich innerhalb weniger Wochen wegfegt. Du bist zwanzig und völlig unvorbereitet auf das, was da kommt: die heftigen Angriffe, die Beleidigungen auf der Straße, die Spuckattacken, die Empore, auf die deine Bewunderer dich heben, die Tore, die sich weit auftun, die Anfragen von Regisseuren, um die sich alle reißen. Auf einmal gibt es in deinem Leben zu viel von allem: zu viel Begierde, zu viel Aggression, zu viele Vorwürfe und Versuchungen, zu viele Zärtlichkeiten und Schläge. Du rutschst in Exzesse ab und klammerst dich an eine Ausrede wie Schiffbrüchige an Treibholz: »Lieber schön und schön rebellisch als hässlich und noch mal hässlich.« Mit einem Lächeln wiederholst du dies immer wieder und glaubst es doch nur halb. Immerhin kannst du so deinen Qualen einen Sinn geben. Wenn die Presse dich schon als verrufene Muse darstellt, dann spielst du die dir auferlegte Rolle. Du gehst sehr weit und sogar noch weiter. Du verlierst dich, entfremdest dich von deinem Selbst. Wenn man »belle« und »rebelle« in einem sein muss, bist du es eben. Elektrisierend und entgrenzt. Deine ersten öffentlichen Äußerungen machen Appetit und verlegen. Hinter den Rundungen eines kleinen Mädchens, das zu schnell gewachsen ist, schießt du wild um dich. Der Journalistin in mir schaudert, wenn ich die Interviews mit dir lese. Du begleichst die offene Rechnung mit deinem Vater, Daniel Gélin, der unantastbaren Größe des französischen Kinos, mit all dem Schmerz und der Wut eines vernachlässigten Kindes. Lange hat dieser Vater gebraucht, um dich als Tochter anzuerkennen. Diesen Vater aber, der seine großen Rollen schwinden sieht und sich an dem Feuer deines Erfolgs wärmt, kreuzigst du nun mit den Worten, er sei »ein verbitterter Mann, der eifersüchtig ist auf seinen Sohn Xavier«. Dann gehst du zum Angriff auf Brando über und machst ihn lächerlich: »Der Mythos Brando, na ja! Er fühlt sich alt, passt auf sein Make-up auf. Jeden Morgen musste man ihn holen, sonst wäre er nicht gekommen. Er ist faul und langsam, konnte nie seinen Text, improvisierte. Zwischen den einzelnen Drehs ging er immer in seine Umkleide, angeblich um seine Intensität wiederzufinden. Typisch Marlon, Charaktertyp und großer Trinker!« Du erlaubst dir alles, versenkst ganz zielstrebig und voller Wucht von Anfang an deine Karriere. Die Journalisten lachen peinlich berührt, können es kaum glauben, manche scheuen sich, deine görenhaften Attacken niederzuschreiben. Aber sind sie letztlich nicht Teil des Rollenspiels? Maria macht sich über alles und jeden lustig. Maria ist es egal.

Du bist in London und erhältst einen Anruf des berühmten Regisseurs Michelangelo Antonioni. Nach dem Erfolg von *Blow-Up*, Goldene Palme in Cannes 1967, hat er gerade *Zabriskie Point* (1970) gedreht. Der Film behandelt die Studentenproteste und die sexuelle Befreiung in den Vereinigten Staaten, die Filmmusik komponierte Pink Floyd. Antonioni hat den *Tango* gesehen, er will dich für seinen nächsten Film haben. Bist du dir der Chance bewusst, die du hast, der Ehre, die er dir erweist? Man sagt es dir sicherlich immer wieder, doch deine Angst wird dadurch nur größer. Hast du nicht schon beschlossen, alles kaputt zu machen? Antonioni lässt dich unter größter Geheimhaltung nach Paris kommen. Ihr verabredet euch im Luxushotel George V, er zeigt dir, wie sehr er will, dass du für ihn spielst. Du kommst als Wrack an, wahrscheinlich auf Trip. »Ich war um fünf Uhr morgens ins Bett gefallen«, erklärst du später Marie-Laure Bouly von *Elle*. »Ich setze mich einem Alten voller Ticks gegenüber. Wir haben Belanglosigkeiten ausgetauscht. Ich respektiere ihn, aber beeindruckt war ich überhaupt nicht.« Verstehst du, worum es hier geht, wovon er spricht? Du sagst ihm, du müsstest einkaufen gehen. Der »Alte voller Ticks« schlägt dir vor mitzukommen. Wahrscheinlich sieht er in diesem spontanen Spaziergang eine Möglichkeit, dich zu zähmen. Du lehnst ab, gehst fort. Du lässt ihn allein auf dem Bürgersteig zurück wie einen lästigen Höfling. Und setzt dem Ganzen schnell ein Ende. »Ich wollte nur eins, schlafen«, gestehst du später.

Daniel Gélin hat sich entschieden, seine Vaterschaft öffentlich zu machen. Kurz zuvor hat er einen Poesieband herausgegeben bei Editions Seghers. Die Poesie ist seine Leidenschaft, genauso wie Theater und Kino. Er schlägt dir vor, ihn bei einer Signierstunde zu begleiten. Du bist einverstanden. Es fällt dir schwer, ihm etwas abzuschlagen. Du nimmst an seiner Seite Platz, an einem Plastiktisch, auf dem Bücher gestapelt sind. Fotografen wurden zu der Veranstaltung eingeladen. Du trägst eine weiße Jeansjacke, ein Pony bedeckt deine Stirn und deine geglätteten Haare hängen dir wie ein Wasserfall über die Brüste. Du siehst ungemein jung aus, mit vollen Wangen und Lippen zum Reinbeißen, ungeschminkt. Wenn du schon Drogen nehmen solltest, hinterlassen sie noch keine Spuren. Auf einem Foto von jenem Tag erklärt dir dein Vater etwas. Er spricht und seine Augen sind in deine versunken. Du hörst ihm aufmerksam und schüchtern zu. In deinem Blick liegt eine unendliche Traurigkeit.

Du bist einundzwanzig. Du drehst in London den neuen Film von Antonioni. Der »Alte voller Ticks« hat sich nicht entmutigen lassen, er hat dich erneut angesprochen, dich angefleht. Du hast letztlich akzeptiert und dabei vor dich hin gemeckert wie ein verwöhntes Kind. Dein Partner ist Jack Nicholson. Nach Marlon Brando rollt sich vor deinen Füßen rasant der rote Teppich einer internationalen Karriere aus. Die Presse spricht von dem »mysteriösesten Film des Jahres«. Der Titel ist geheim. Das Budget, dreieinhalb Millionen Dollar, wird als gewaltig eingestuft.

Catherine Laporte von *Elle* ist für ein Interview mit dir aus Paris angereist. Zum ersten Mal akzeptierst du ein Frage-Antwort-Spiel, wie es sich gehört. Man hat dir erklärt, dass man vor Journalisten auf der Hut sein muss, dabei traut sich niemand, dir zu sagen, dass du vor dir selbst Angst haben solltest. Man bläut dir ein aufzuhören mit den einfach so dahingeworfenen Äußerungen. Ja, versprochen, *d'accord*, sagst du, keine Ärgernisse mehr. Gar nichts mehr, hättest du hinzufügen können. Du spielst Katz und Maus mit der Journalistin. Antwortest ihr mit Pausen, Lautmalereien, allerhöchstens ein paar Worten. Catherine Laporte hat nicht gerade die beste Zeit für ein Treffen mit dir ausgesucht. Rendezvous ist um 10 Uhr morgens im Hotel Russell, wo du während der Dreharbeiten wohnst. Du kommst in Begleitung, aus Angst vor erneuten Dummheiten, unbedachten Aussagen. An deiner Seite ist deine damalige Freundin, eine Amerikanerin namens Joan Townsend. Du bist von den zwölf Wochen Dreharbeiten erschöpft, ausgelaugt bis aufs Mark. Bekommt das die Journalistin mit? Auf alle Fälle erwähnt sie es nicht, sondern lediglich, dass du seit dem *Tango* zehn Kilo abgenommen hast. »Die Müdigkeit«, entgegnest du. Du bist benebelt, aber im letzten Jahr hast du begriffen, dass du mit deinen Provokationen alles verlieren kannst. Du hast eine Entscheidung getroffen: Ab sofort wirst du über niemanden mehr öffentlich schlecht reden. Über dich aber willst du auch nicht reden. Die Journalistin bemerkt innerhalb weniger Sekunden, dass du ihr das Leben schwer machen wirst. Vielleicht hofft sie darauf, dass du im Laufe der Fragen locker wirst, Vertrauen schöpfst. Und einfach antwortest.

»Mögen Sie Ihren Beruf als Schauspielerin?«

»Das ist nicht wirklich eine Arbeit.«

»Was machen Sie, wenn Sie nicht drehen?«

»Ich lass mich gehen.«

»Und wenn Sie drehen?«

»Lass ich mich auch gehen.«

»Lesen Sie gern?«

»Ich lese nie.«

»Was wollen Sie später mal machen?«

»Weiß ich nicht.«

»Sind Sie eine politische Schauspielerin?«

»Ich bin nichts.«

»Fühlen Sie sich wohl in Ihrer Haut?«

»Ihrer Meinung nach …?«

»Sie mögen Interviews nicht?«

»Nein, ich habe nichts zu sagen.«

Normalerweise ist das der Moment, in dem eine Journalistin den Mut verliert, sich sagt, dass es schlecht gelaufen ist. Nicht so Catherine Laporte. Sie klammert sich fest, immerhin hat die Redaktion sie über den Kanal geschickt, um Exklusives von einem Weltstar zu bekommen, sie kann nicht aufgeben.

»Meinen Sie nicht, dass das Publikum Sie besser kennenlernen will?«

»Soll es doch meine Filme anschauen, der Rest ist unwichtig.«

»Gehen Sie oft ins Kino?«

»Mal so, mal so.«

»Sind Sie eine gute Zuschauerin?«

»Ich habe den Eindruck, dass ich eine ganz normale bin, aber manchmal frage ich mich, wie die Kameraeinstellung war, und vor allem, was die Motivation des Schauspielers war, wenn er diese oder jene Szene gespielt hat.«

»Sehen Sie, Sie nehmen Ihr Metier doch ernst.«

»Vielleicht.«

»Sind Sie bei Dreharbeiten immer in der gleichen Verfassung?«

»Ich bin in allen möglichen Verfassungen.«

»Was erwarten Sie vom Leben?«

»Was ist das denn für eine Frage? Ich erwarte nichts, versuche, Tag für Tag zu leben.«

»Ist es hart?«

»Manchmal würde ich lieber in Neapel Bananen verkaufen.«

»Fällt es Ihnen schwer, sich auszudrücken?«

»Das ist alles eine Frage der Wörter, mein Vokabular ist nicht gerade sehr umfangreich.«

»Sind Sie gern einundzwanzig Jahre alt?«

»Ist mir egal.«

»Erzählen Sie mir vom *Tango*?«

»Da sind Leute zusammen, die machen etwas.«

»Und Brando?«

»Eine sehr, sehr starke Präsenz, das ist alles.«

»Ich habe in einer Zeitung gelesen, dass Sie ein Haus in London gekauft haben.«

»Das habe ich nicht gelesen. Seit einem Jahr lebe ich in Hotels.«

»Gefällt Ihnen dieses Leben?«

»Das ist eine Umgebung wie jede andere auch. Eine Kulisse.«

»Wollen Sie kein Zuhause?«

»Mal ja, mal nein. Ich kann mich nicht gut auf Sachen konzentrieren. Vielleicht später…«

»Sie nutzt jede Gelegenheit, um nichts zu sagen«, kommentiert die verzweifelte Journalistin das verpatzte Treffen. Ein echtes Fiasko, die Art Interview, die man normalerweise nicht veröffentlicht. Das Gespräch wird trotzdem genauso abgedruckt. Zur Bebilderung ein Foto vom Dreh, aufgenommen während einer Pause. Etwa zwanzig Leute sitzen auf einer Treppe, wie vor einer Kirche. Du bist in der ersten Reihe, neben dir ein Mann oder eine Frau – man weiß es nicht genau –, in Hose, Sandalen, lange Haare, anscheinend schlafend, den Kopf zwischen den Armen, die um die Knie fassen. Du trägst ausnahmsweise ein Kleid, wahrscheinlich für die Filmszene. Ich habe dich nie anders als in Jeans gesehen. Zwei schlanke Beine schauen unter dem Stoff hervor. An den Füßen schwarze Stoffballerinas, deren Schnüre um deine zarten Knöchel gebunden sind. Du schaust in die Ferne, eingeschnappt, den Kopf auf die rechte Hand aufgestützt. Als ob er schon zu schwer geworden wäre.

Maria ist da, Maria ist nicht mehr da. Maria ist in London, Maria ist in Marokko, Maria ist in Los Angeles, Maria ist in Rom. Man weiß nicht mehr, wo Maria ist. Sie ist in Städten unterwegs, von Hotelzimmer zu Hotelzimmer, überquert die Ozeane, verballert das Geld des verfluchten Films. Sie verteilt es an Freunde, an alle, die sie darum bitten, gibt es für Kleidung und Flugtickets aus, lädt damit Zufallsbekanntschaften zu Drinks in Diskotheken ein, verliert es auch, in den Nächten, in denen sie sich selbst verliert. Maria geht mit Männern und mit Frauen. Mit einem neunzehnjährigen Pakistani, den sie als »superschön« beschreibt und nach zwei Monaten verlässt, oder einer drogenabhängigen amerikanischen Fotografin. Sie erzählt es Journalisten zwischen Tür und Angel im Vertrauen. Ihr Versprechen, besser aufzupassen, hat nicht lange gehalten. Ist es denn nicht auch das, was man von ihr erwartet, Details aus ihrem Sexleben? »Treu sein kann ich nicht. Man lastet mir an, zerstörerisch zu sein, aber das bin ich nicht. Ich liebe das Leben, die Männer, die Frauen«, glaubt sie zu ihrer Rechtfertigung sagen zu müssen. Maria bindet sich an nichts und niemanden, frei von allem, außer vom Heroin, das sie sich in die Venen spritzt, jeden Tag besessener, in immer höheren Dosen. Angefangen, so sagt sie, habe es mit dem Filmstart.

Maria ist verschwunden. Die Eltern haben Angst. In der Wohnung höre ich ihre besorgten Stimmen, wie sie am Telefon hängen, um Neuigkeiten zu erfahren. Man ruft Onkel, Tanten, Cousins und Cousinen an. Wo ist Maria? Sie taucht wieder auf, ohne Ankündigung. Ich bin auf dem Heimweg von der Schule und Mama sagt mir: »Maria ist da.« Man weiß nie, in welchem Zustand man sie vorfindet. Manchmal ist sie fröhlich, überdreht, erzählt von ihren letzten Partys, ihren Reisen, Filmprojekten. Dann wieder ist sie total erschöpft oder schläft. Ich verstehe nicht, warum sie mitten am Nachmittag auf der Holzbank schläft, mit einer schwarzen Decke und indischen, mit Kapok gefüllten Kissen, die mein Vater fabriziert hat. Maria schläft in seltsamen Positionen, dort, wo der letzte Schuss ihren Körper hat fallen lassen. Ihre schwarzen Locken bedecken ihr Gesicht, der Ethno-Schmuck, den sie auf Londoner Märkten gekauft hat, klirrt nicht mehr an ihren reglosen Armen. Ich suche in den Augen meiner Mutter nach einer Erklärung, einem Trost. »Sie ist nicht tot, oder? Sie wird nicht sterben?« Ich sage diese Worte nicht, sie kommen mir nicht über die Lippen, ich bin zu jung, die Worte sind zu ernst, sie gehen mir wie ein Schrecken durch den Kopf, aber ich behalte sie für mich. Meine Mutter errät sie. Mama errät immer alles, sie ist mit Boshaftigkeit, Lügen und Traurigkeit aufgewachsen, sie kennt die Qualen, die den Geist kleiner Mädchen heimsuchen können. »Sie wacht wieder auf, mach dir keine Sorgen. Das sind die Drogen, sie wacht wieder auf.« Dann führt Mama mich in die Küche mit den orangefarbenen Plastikmöbeln und den lilafarbenen Sesseln. Ein Glas Milch und mein Pain au chocolat, das sie wie jeden Tag im Ofen warm macht, erwarten mich auf dem weißen Tisch. Sie fragt mich nach meinem Tag in der Schule, wie es war, dort, wo sie als Kind so selten hingegangen ist, und kommt mit in mein Zimmer. Ich setze mich an meinen Schreibtisch, um meine Hausaufgaben zu machen. Bevor sie nicht erledigt sind und sie alles kontrolliert hat, darf ich nicht spielen. Dann geht es in die Badewanne und danach gibt es Abendessen, immer zur gleichen Zeit, wie Lesen und Zubettgehen. In dieser Familie, in der Wahnsinn und Unglück nie weit weg sind, hält sich Mama an strikten Regeln und Ritualen fest. Als könnte uns die geringste Abweichung, wären es auch nur wenige Minuten, ins Chaos stürzen.

Du bist keine dreißig und wirst ins Sainte-Anne eingeliefert. Dort sind die Drogensüchtigen untergebracht, die mit einer Psychose oder in einer Entzugskrise aufgesammelt wurden. Man bringt sie von ihrer Überdosis herunter, versucht, sie durch Chemie auszutrocknen, bindet sie fest, betäubt sie mit hoch dosierten Medikamenten. Die Eltern kennen den Weg. Sie bewegen sich etwas zu gut in den Irrgängen der weißen Korridore, unter dem Neonlicht, inmitten der Schreie, die aus den Zimmern dringen. Sie haben die Namen der Ärzte, der Krankenschwestern gelernt. Du wirst als Stammgast hier angesehen, du bist bei etwa vier Gramm Heroin am Tag. Deine Bekanntheit verleiht dir einen VIP-Status. Ich bekomme mit, dass man dir eine komplette Bluttransfusion hat zukommen lassen, eine Behandlung, die man amerikanischen Berühmtheiten auf der Schwelle zum Tod verabreicht. Ich war damals keine acht Jahre alt und fand es ziemlich klasse, dass man dich wie die größten Stars behandelt.

An diesem Tag wirkst du ruhig, dank der Pillen. Du hast dir gewünscht, dass Mama die Pastellstifte mitbringt, du hast Lust, wieder zu malen. Sie kommt mit voll beladenen Armen, du lächelst. Du hattest deine Mutter um das Gleiche gebeten. Sie hat dir ein paar abgenutzte Buntstifte auf deinem Nachttisch hinterlassen. »Schau dir das an«, sagst du mit traurigem Blick zu meiner Mutter. Viel mehr fügst du nicht hinzu, aber die Wut steigt in dir auf. Du sagst wieder und wieder, dass du dieses geschlossene Zimmer nicht aushältst, die Gitter an den Fenstern, den Riegel an der Tür. Du fühlst dich unterdrückt. Als Mama geht, verhärtet sich dein Gesicht. Du schreist: »Ich hab Lust zu töten!«

Du bist verloren und auf großzügige Hände ange-
wiesen. Einmal sind es die von Frédéric Mitterrand,
dem du begegnest. Auf deine Art suchst du nach Hilfe,
zurückhaltend, ohne den Anschein zu erwecken, ir-
gendetwas zu verlangen, dafür bist du zu stolz. Zwei ver-
wundete Seelen haben sich wiedererkannt. Ihr kommt
nicht aus derselben Welt. Er ist Sohn eines Elite-Absol-
venten, Neffe des künftigen Präsidenten der Republik,
er durchlief die Elitehochschule Sciences Po, bevor er
seine Leidenschaften auslebte, Kino, Party und Exzesse.
1971 gab er den Lehrerberuf auf, um einen Kinosaal
zu kaufen und zu leiten, das Olympic im 14. Arrondissement in Paris, erstes Glied einer veritablen Kette an
Kunst- und Experimentierräumen. Das Olympic zieht
Kinobegeisterte an. Hier sieht man Meisterwerke, die
sonst nirgends gezeigt werden, Klassiker und Indepen-
dentfilme. Das Olympic ist auch ein Biotop für Außenseiter, Junkies jeglicher Couleur, solche, die sich ab und
zu spritzen, und solche, die hoffnungslos süchtig sind.
Es wird zum Ort für Deals und Trips, einem Ort, an dem
man sich kleine Gelegenheitsjobs besorgen kann, um
tagsüber ein paar Francs zu verdienen, die man abends
im Palace wieder ausgibt. Ihr kommt nicht aus derselben Welt, aber die Nacht ist ein Mikrokosmos, der all
die vereint, die sich niemals hätten begegnen sollen.
Ihr begegnet euch zufällig auf Abenden, ihr redet nicht
miteinander. Er weiß, wer du bist, du weißt, wer er ist.
Das genügt.

An einem Samstagnachmittag im Herbst wendest
du dich im Olympic zum ersten Mal an ihn. In seiner

Erinnerung warst du »allein und verstört«. Du bist auf ihn zugegangen, um ihn zu bitten, dir Geld für ein Taxi vorzustrecken. Er will dir noch mehr helfen. Du antwortest, dass du nichts weiter brauchst. Er glaubt dir nicht. Er sieht wohl, dass du »in Schwierigkeiten« bist. »Wenn man durch ganz Paris zieht, um einen Unbekannten um einen lächerlichen Gefallen zu bitten, nennt man das einen Hilfeschrei«, schreibt er viele Jahre später. Um dann einzugestehen: »Ich habe mich an diese bloße Taxispende gehalten, habe ihr nicht einmal meine Nummer gegeben, nur für den Fall, ich war erleichtert, sie weggehen zu sehen, ihre Verzweiflung hat mir Angst gemacht.« Nur wenige gestehen sich ihre Angst vor dem Wahn des anderen ein und dass sie vor den verstörten Zuständen lieber Reißaus nehmen. Wie oft waren wir zu Hause beruhigt, als du weg warst und wir nichts von dir hörten? Frédéric Mitterrand kannte diese Ambivalenz, er sprach aus, was wir nicht in Worte fassten, diese Mischung aus Schande und Erleichterung, von dir keine Neuigkeiten zu erhalten. Er hat dich ziehen lassen, in die Kälte und den Entzug, »hübsche Maria, so verschlossen und stolz, gehst du schwankend und Danke sagend auf einer verregneten Straße fort«. Wie überließen dich damals auch regelmäßig und viel zu oft der Gefahr und Ungewissheit.

Wenn du da bist, versteckt sich mein Bruder. Er weigert sich, aus seinem Zimmer zu kommen. Man muss ihm das Essen in sein Tipi bringen, das er neben seinem Bett aufgebaut hat. Von dort aus knurrt er: »Ich will sie nicht sehen.« Meine Eltern zwingen ihn nicht. Nur, um auf Toilette zu gehen, verlässt er sein Zelt und passt gut auf, dass du nicht im Flur herumhängst. Manchmal bekommst du seine Abwesenheit mit: »Ist der Kleine nicht da?« »Er ist in seinem Zimmer.« Du hörst kaum zu, bist schon bei etwas anderem, musst eine Geschichte erzählen, einen dringenden Anruf tätigen, einen Freund wiedertreffen oder ganz plötzlich wieder losgehen, ein Notfall. Eines Tages fragst du: »Hat er Angst vor mir?«, als ob du mitbekommen hättest, dass es eine Verbindung zwischen deiner Anwesenheit und seiner Abwesenheit gibt. Die Antwort kommt dir sicherlich bekannt vor, sie scheint dir Sorgen zu machen: »Er ist ein Kind«, entschuldigt ihn meine Mutter. Du hebst mich auf deinen Schoß. »Du hast doch keine Angst vor mir, oder? Ich mache dir doch keine Angst?« Ich schüttele den Kopf. Und umarme dich ganz fest mit meinen kleinen Armen, schmiege mein Gesicht an deinen Hals mit deiner dichten Mähne, übersäe die Nadelstiche mit Küssen, damit du mir glaubst.

Ich will nicht, dass du es merkst. Natürlich habe ich Angst. Weil du oft schreist, weil du außer dir bist, dir bis aufs Blut die Arme aufkratzt. Weil du urplötzlich aufstehst, schwankst und manchmal hinfällst, weil du mit einem Mal einschläfst, als ob das Leben aus dir gewichen wäre, weil du in deinem Rauschschlaf manchmal schreist, weil du dich mit den Leuten am Telefon streitest, weil du aus dem Nichts sehr wütend wirst oder zu laut lachst. Ich habe Angst, weil ich genau spüre, dass alles, was du tust, was du sagst, wie du dich bewegst, nicht normal ist, weil Leute, die man am Ausgang der Schule, im Treppenhaus, im Supermarkt trifft, das nicht tun würden.

Ich habe Angst, aber ich bleibe. Wenn du da bist, will ich nichts verpassen. Was Maria erzählt, kann von niemand anderem so erzählt werden. Alles in deinem Leben ist außergewöhnlich und dein Vorrat an Geschichten unerschöpflich. Du hast die Nacht im Palace verbracht, hast mit Nathalie Delon getanzt und anderen bekannten Menschen, deren Namen mir allerdings nichts sagen. Man trifft dich bei Castel und im Viertel Montparnasse. Du posierst an der Seite von Eva Ionesco, auch ein geopfertes Kind, dessen Mutter Pornofotos von ihr, in Lederjacke und abgenutzten Jeans, verkaufte. Du prügelst dich und am nächsten Morgen erinnerst du dich nicht mehr daran, woher die blauen Flecken und dunklen Spuren überall auf deinem Körper stammen. Dein Auto wird in Paris geklaut oder vielleicht hast du auch einfach die Tür offen gelassen. Deine Wohnung in Rom wird von wütenden Dealern mit Plastiksprengstoff in die Luft gejagt. Das beeindruckt mich sehr, eine Explosion, wie man sie in der Zeitung liest. Es sei nichts mehr übrig, wirklich nichts mehr, erzählst du recht sorglos und brichst dann in Lachen aus. Dein Geld wird gestohlen, oft lässt du dir dein Geld auch stehlen. Oder du verlierst oder du verleihst es, ohne später zu wissen, an wen. Die so hart verdienten Scheine versengen dir die Finger. Nichts willst du von der Gage des Films behalten, der dein Untergang war. Wenn du wieder fort bist, frage ich manchmal Mama aus. Ich möchte wissen, ob alles, was du erzählt hast, wahr ist. Mama schaut mich an, als ob sie nicht wüsste, was sie mir antworten soll. Sie scheint manchmal ihre Zweifel zu haben, aber das ist unwichtig. Selbst bei uns, so weit weg von den Orten, wo sich dein sonstiges Leben abspielt, konstruierst du deine Legende. Am Tag nach deinem Tod bringt die *Libération* auf ihrer Titelseite ein Foto, das dich mit nacktem, dargebotenem Busen zeigt, als Bestie, Sexobjekt. Eine Aufnahme aus dem *Tango*. Du hättest es gehasst, dass man dir so die letzte Ehre erweist. Du hättest geweint, hättest einen Wutanfall bekommen, schließlich hast du dein Leben lang versucht, die für dich infamen Spuren zu verwischen. Wir mochten diese Darstellung von dir ebenso wenig. Denn wir wollten dich nicht auf deinen Körper reduziert sehen. Du warst unendlich viel mehr als dieser zur Schau gestellte Körper. Und so stellt man Tote nicht dar. Niemals hätte eine Zeitung das Bild eines nackten Mannes für einen Nachruf ausgesucht. Diese Zeitung, die das gedruckt hat, war nicht irgendeine. Es war unsere, es war meine. Seit ihrer ersten Ausgabe 1973 kauften meine Eltern sie täglich. Sie war für uns Kinder die Initiation in die Politik und unter anderem in den Kampf für die Frauenrechte. Sie weckte in mir den Wunsch, Journalistin zu werden. Für sie arbeitete ich dreizehn Jahre lang. Der Schlag aus dieser Ecke traf uns unerwartet.

Deine Geschichte hast du lange in Farbe erzählt. Mit Pastell, Filzstift, Aquarell. Seit du ganz klein warst, hast du mit sicherem Strich Männer und Frauen in bunten Stoffen im Stil japanischer Drucke gezeichnet. Sehr viel später erst erfuhr ich, dass dein Stiefvater, der Maler war, dir das Zeichnen beigebracht hatte. Meine Eltern sammelten jedes deiner Werke und ermutigten dich, mehr herzustellen. Du hast Paare, Prinzessinnen und Prinzen gemalt, Vermählte, Tänzer. Manchmal hast du Szenen vom Dreh eines Films dargestellt, Filmsets, Schauspieler und Schauspielerinnen mitten in Aktion. Es war deine Art, dem Universum deines Vaters, den du damals nur vom Namen her kanntest, zärtlich zu begegnen. Du hast Tusche verwendet, die deine Skizzen besonders fein aussehen ließen. Stundenlang konntest du damit verbringen, das Muster eines Kleides oder eines Wamses zu zeichnen, hast Hunderte Entwürfe in harmonisch miteinander abgestimmten Farben erstellt. Als junges Mädchen hast du sie auf Grußkarten und Restaurantmenüs angeboten, die du zwischen deinen Filmauftritten verkauft hast. Die Schriftstellerin Régine Deforges war verrückt danach und kaufte dir mehrere ab.

Nach dem *Tango* hast du nicht mehr gezeichnet. Wir bewahrten bei uns die Überreste deiner erloschenen Leidenschaft auf. Während der Wochenenden auf dem Land betrachtete ich oft deine Arbeiten, die wir vor dem Licht geschützt in einem festen Karton konservierten. Ein Detail faszinierte mich besonders: Deine Figuren besaßen sehr lange Hälse, wie Giraffen, seltsame und mutige Disproportionen wie bei den Frauen Modiglianis oder den drahtigen Silhouetten der Skulpturen Giacomettis. Mama erklärte mir, dass das einen Künstler ausmacht: sich von formalen Regeln und dem guten Geschmack zu lösen. Ich sah etwas anderes in den langen Hälsen deiner Figuren: Deine Schöpfungen wollten weiter blicken als die anderen, die Geheimnisse des Horizonts ergründen.

Maria ist da. Wir, mein Bruder und ich, kommen mit den Ranzen auf den Rücken aus dem Schulgebäude. Wir sehen nur sie, hören nur sie. Zwischen den vielen Eltern sticht sie sofort hervor, mit erhobenen Armen, zerzausten Haaren, einem Schaffell über einer Bluse vom Flohmarkt, silbernen Armreifen, die an den Handgelenken klimpern. Maria hat an diesem Tag beschlossen, uns abzuholen. Und zu Mama gesagt: »Ich komme mit dir.« Mama, aufrecht wie immer, hält die Papiertüte mit den Pains au chocolat vom Bäcker in der Hand. Aber es ist nicht sie, die ich sehe, die alle sehen, die Eltern, die Kinder, die Lehrer, die vor das Portal treten, um zu schauen, was los ist. Innerhalb weniger Sekunden hat sich die Nachricht verbreitet: Die Schauspielerin ist da, die aus dem Skandalfilm, die Filmpartnerin von Marlon Brando. Sie sieht nicht normal aus, man drängt sich auf dem Bürgersteig, um dem Ereignis beizuwohnen. So etwas passiert nicht jeden Tag in diesem ruhigen Viertel, in dem Mittelklasse-Familien Berühmtheiten nur in Hochglanzmagazinen sehen, die sie beim Friseur durchblättern. Marias Gesten sind unkoordiniert, sie redet laut und konfus. Die besorgtesten Mütter ziehen ihre Kinder weit weg, als ob es gefährlich wäre dazubleiben. Ich sehe, wie sie sich nach uns umdrehen, während sie weggehen, mit einem Gefühl der Angst in den Augen, zu viel gesehen zu haben, aber auch mit einer Neugier, mehr wissen zu wollen. Mama erklärt Maria ruhig, dass wir auch nach Hause gehen müssen. Maria schaut sie an, ohne den Sinn des Satzes verstanden zu haben, sie scheint sich nicht mehr daran zu erinnern, was sie hier macht. Als wir wieder zu Hause sind, schließt sich mein Bruder schnell in sein Zimmer ein. Maria läuft in der Küche herum und dreht sich um sich selbst, wie ein Kreisel. Sie redet weiter, ich verstehe nichts von dem, was sie sagt. Ich kann nicht sagen, ob sie fröhlich oder wütend ist. Mama bietet ihr ein Glas Wasser an oder einen Tee, wie sie wolle, was sie brauche. Sie sagt erst Ja, dann Nein, sie weiß es nicht, hört nicht zu, tut, als ob sie sich hinsetzt, steht dann wieder auf und läuft weiter wie wild herum. Maria geht, sie sagt nicht »au revoir«, eher »ich komme wieder«. Das Geschrei geht wieder los, diesmal kommt es von der Betonplatte, die die Gebäude der Neubausiedlung miteinander verbindet, auf der die Kinder spielen und die Alten im Frühling Zeitung lesen. Durch das Fenster sehe ich Maria tanzen, ich höre sie kreischen. Ich weiß nicht, ob sie singt oder weint. Immer mehr Fenster werden geöffnet. Die Familien drängen sich dicht in die engen Rahmen und recken die Hälse, um besser sehen zu können. Mama flüstert mir ins Ohr: »Sie bekommt nicht mit, was sie tut.«

Ich selbst denke an den nächsten Tag, wenn ich wieder in die Schule muss. An die Blicke, an die Sprüche der Klassenkameraden. Als ob es nicht schon genug ist, dass unsere Mutter Mestizin ist, dass sie komisch angezogen und frisiert ist, jetzt muss jeder auch noch wissen, dass wir aus einer Irrenfamilie stammen.

Da ist Scham und da ist Stolz. Stolz darauf, nicht wie alle zu sein. Mit dir sind wir den anderen allemal überlegen, wir gehören zu der Kategorie reicher Leute mit unnormaler Geschichte und außergewöhnlichen Persönlichkeiten. Manchmal schaut man mitleidig auf uns, oft aber auch, wie ich im Laufe der Jahre immer häufiger bemerke, neidvoll. In unserer Familie ist Bewegung. Das Leben der anderen erscheint uns fade. Das Drama lässt uns aus der Menge hervorstechen, aus der Masse derer, bei denen nichts los ist. Du nährst beständig und in aller Pracht unsere Einzigartigkeit. Du hast mit Bob Dylan Sex im Flugzeug, die Stewardessen mussten euch auseinanderbringen. Die anderen Passagiere waren so schockiert, dass sie damit drohten, euch sofort nach der Landung zu verklagen. Darüber lachst du noch. Du machst dich über ihre Fratzen lustig, machst sie nach. Was sind die Amerikaner bloß prüde! Dylan hat sich in dich verliebt. Dir scheint das nicht besonders wichtig zu sein, aber du willst, dass man es weiß. Einen Song hat er übrigens für dich geschrieben. Du spielst ihn uns vor. Da du felsenfest behauptest, dass er dir gewidmet sei, was er auch wirklich ist, warum sollte man es dann nachprüfen? Dein Foto sei ja auch auf dem Cover des Albums. Auf der Rückseite der LP ist ein Patchwork aus Aufnahmen. Man sieht leicht verschwommene Gesichter, Bilder von Partys, Silhouetten von Männern und Frauen, gesenkte Köpfe und Blicke, die auf etwas außerhalb des Bildes gerichtet sind. Ich strenge meine Augen an, um deine Gesichtszüge in diesen Repros zu finden, ich meine, dich unter einer Masse an braunen Locken erkennen.

Zwischen deinen Auftritten kehrt Ruhe in unser Leben ein. Mama redet wenig, ich erinnere mich nicht, sie auch nur einmal schreien gehört zu haben. Sie redet wenig, aber weint oft. Ich sage mir, dass es wegen ihrer Eltern ist, sie seien böse, hat sie uns erzählt. Seit unserer Geburt arbeitet sie nicht mehr. Ihr Terminkalender ist um uns herum gestrickt, Tanzkurse, die sie regelmäßig besucht, und Psychoanalysesitzungen, in denen sie, so stelle ich mir vor, über ihre bösen Eltern spricht. Papa arbeitet sehr viel, ein einziger Job füllt ihn nicht aus. Es reicht ihm nicht, hoher Beamter zu sein, die angesehensten Diplome erlangt zu haben, er wird auch noch Psychoanalytiker, Schriftsteller, Musik- und Literaturkritiker.

In der Schule werde ich als gute Schülerin angesehen. Die Lehrer schätzen mich. Später bin ich weniger fleißig, werde aber von den Jungs gemocht. Außerhalb des intimen Kreises meiner Freundinnen und meiner Verehrer bin ich von einer Schüchternheit gelähmt, die schon an eine Behinderung grenzt. Ich verstecke mich hinter meinen langen, braunen Haaren und melde mich in der Klasse nie, um auf Fragen zu antworten. Vorn an die Tafel kommen zu müssen, verursacht mir schreckliche Angst. Wenn mir das passiert, spüre ich, wie meine Beine schwach werden, kalter Schweiß rinnt mir zwischen den Schulterblättern, kein Laut kommt aus meinem Mund. In der Klasse will ich vergessen werden, ich gäbe alles dafür, unsichtbar zu sein. Bloß nicht auffallen. Nicht mehr auffallen. Nie mehr.

Als ich drei Jahre alt bin, mit Beginn der Vorschule,

höre ich auf, Fleisch zu essen. Der Anblick von Fett löst Brechreiz in mir aus, ich kann nicht zuschauen, wenn jemand Schinkenscheiben einrollt wie ein Band. Ich ertrage nicht, wenn Blut aus Steaks beim Braten in der Pfanne tropft. Nur weißes Hühnerfleisch toleriere ich, ab und zu, und seltsamerweise Kalbsleber, die Mama zubereitet. Meine Eltern beschließen, dass es nicht schlimm ist, wenn ich wenig esse. Die Liste an Lebensmitteln, die mir zuwider sind, wird mit den Jahren länger. Fisch, Gemüse, Salat, Obst. Ich ernähre mich von Nudeln und Eiern, meine Mutter erfindet ein Rezept, Eier mit Nudeln. Sie schlägt ein Ei in die Pfanne mit den Nudeln, verrührt Weißei und Gelbei und brät es. Ich reibe ein wenig Gruyère darüber. Für die Nationale Schulbehörde stellt meine »Diät« hingegen ein Problem dar. Regelmäßig werden meine Eltern von der Direktorin zum Gespräch geladen. Ich bin dürr, Mama nennt es lieber »zart«. Auf dem Schulhof falle ich viel hin und werde oft von Stärkeren geschlagen. Mehrmals komme ich ins Krankenhaus. Der Sozialdienst, der sich fragt, ob ich nicht Opfer von Misshandlung und Mangelernährung sei, bestellt schließlich meine Eltern ein. Sie sind eher verstört als beunruhigt. Mein Vater erinnert sich, dass er, als er klein war, nichts gegessen habe, bevor er wieder auf den Geschmack gekommen sei. Das werde bei mir das Gleiche sein. Ich schnappe die Wörter »kindliche Anorexie« auf, ohne zu verstehen, worum es sich handelt. Ich frage mich heute, ob ich damals nicht versucht habe, so zu sein wie sie.

Ich bin kein trauriges Kind. Das Leben in der Platte ist lustig. Meine beste Freundin, Célia, hat Eltern, die so sind wie meine. Sie wohnen in dem Block nebenan, und wir verbringen unsere Zeit damit, von einem Gebäude zum anderen zu laufen. Bei uns muss man klingeln und vorher Bescheid sagen. Bei Célia steckt der Schlüssel im Schloss, sogar nachts. Jede und jeder kann ein und aus gehen, wie es beliebt, Familie, Nachbarn, Freunde. Bei ihr darf man die Wände bemalen und sich jederzeit am Eis in der großen Gefriertruhe im Flur bedienen. Ein riesiger Webstuhl füllt das gesamte Wohnzimmer aus, und ich sehe ihren Vater, von Beruf Arzt, von Zeit zu Zeit daran arbeiten, wie er versucht, einen Teppich herzustellen. Ihre Mutter, die Célia nur mit ihrem Vornamen ansprechen darf, empfängt in der Küche jeden, der mal reden muss, mit warmem Kaffee. Im Winter klingeln wir manchmal mittwochnachmittags bei dem Bruder des Sängers Renaud. Renaud ist unser größtes Idol. Wir sind hingerissen von seinen hellen Augen, seinen blondierten Haaren, seinen O-Beinen und seinem Schwarze-Windjacke-Look. Er erzählt vom Frankreich in den 1980er-Jahren in dem Slang eines Pariser Straßenjungen. Er sprengt die Regeln der Disco- und Unterhaltungsmusik. Er ist wie wir, arrogant und schüchtern zugleich. Er singt Verlan, die Sprache der vertauschten Silben, die wir sprechen wollen, weil wir damit anders sind als die, die sie nicht beherrschen. Verlan schafft eine Grenze zwischen denen, die es verstehen, und denen, die es nicht verstehen. Es ist unsere Sprache, nicht die der Eltern, die das Ganze affig finden. In der

Generation vor uns spielte man nicht mit Wörtern, sie waren noch heilig.

Thierry Séchan empfängt uns freundlich, er schenkt uns weiße und rote Stofftücher, die wir diagonal zerschneiden, damit die Freunde auch etwas davon haben, er besorgt uns Autogramme auf den LPs, die wir ihm dalassen. Dieses Gehabe der Mädchen, die bei ihm vorbeischauen, scheint ihm nichts auszumachen. Er sieht aus wie sein Bruder, trägt die gleichen Klamotten. Wir kommen uns vor, als wären wir bei Renaud, und anscheinend genießt er die Aufmerksamkeit, die wir ihm entgegenbringen, und diesen Abglanz. Renaud gehört uns. Mehr als den anderen, finden wir. Denn das Hochhaus, das er in seinen Liedern besingt, ist das von Thierry und uns. Denn den Blödmann mit seinem Schäferhund, den kennen wir, und wir haben uns schon über ihn lustig gemacht, lange bevor der Song in Endlosschleife läuft, genauso wie die Nachbarin aus dem Fünften. Man trifft sie im Fahrstuhl, ihre Kinder sind bei uns in der Schule, in der Straße Château-Rentiers. Ihre Macken erkennen wir wieder, das Leben im Neubaublock wird für alle erzählt. Wenn Renaud beschlossen hat, uns zu beschreiben, dann, weil wir etwas Besonderes sind.

Unsere Eltern lassen uns in den Gängen herumschwirren, bei Leuten vorbeischneien, die sie kaum kennen, lassen es uns auf fremden Sofas gemütlich machen mit Schokokeksen oder einer Oasis tropical. Wir ziehen von Block zu Block, manchmal haben wir ein Springseil dabei oder Rollschuhe, die einen Heidenlärm verursachen. Wir spielen Gummitwist auf dem Betonplatz, zwischen zwei Bänken aufgespannt, praktisch. Wir gehen in den Parfümladen, betteln die Verkäuferin an, uns Probedöschen zu schenken, und cremen uns dann ungeschickt die Wangen ein. Die Chefin findet, wir kämen zu oft vorbei, wir sollten uns doch woanders umschauen.

Célia und ich haben die gleiche Leidenschaft: das Zeichnen. Wir haben einen Wettbewerb unter Pariser Schulen gewonnen. Meine Freundin hat den ersten Preis bekommen, ich den zweiten. Wir setzen uns in den Kopf, unsere Werke zu verkaufen. Célia, deren Mutter Malerin ist, hat eine sehr hohe Meinung von unserem Gekritzel. Einen Teil unserer Nachmittage verbringen wir damit, für jedes einen astronomischen Preis festzulegen. Aus Diskretion beschließen wir, weder ihre noch meine direkten Nachbarn anzusprechen, sondern in dem dritten Block der Siedlung zu klingeln, dort, wo ein Mann oder eine Frau, ich weiß es nicht mehr, sich eines Nachts oben vom Dach heruntergestürzt haben soll. Unsere Preise sinken in dem Maße, wie wir die Treppen hochgehen, und als wir vor den Türen ankommen, ist unsere Sicherheit auf fast null zusammengesackt. Wir losen also, wer von uns beiden auf den Klingelknopf drückt. Unsere Zeichnungen verscherbeln wir schließlich für ein paar Centimes, was am Ende des Tages einige Francs ergibt. Die geben wir in der Bäckerei für verbotene Bonbons aus, Untertassen mit Brausepulver, das auf der Zunge kribbelt, Mama sagt »Gift« dazu. Zu Hause verrät mich mein Mundgeruch, »chemisch« nennt ihn meine Mutter.

Wenn das Wetter schön ist, spielen wir auf der Betonplatte. Die Eltern werfen ab und zu einen Blick aus dem Fenster, um sicherzugehen, dass alles in Ordnung ist. Wir ziehen umher, entlang der Boutiquen, kommen an der Färberei von Madame Marouani vorbei, trödeln vor dem Zeitungsladen, in dem man auch Schulsachen kauft, drehen eine Runde durch den Suma-Supermarkt, der sich in einem runden Gebäude, eine Miniaturausgabe des Maison de la radio, befindet. Wenn wir müde sind, machen wir es uns im VW Kombi von Célias Eltern bequem. Er ist immer offen, wie die Wohnung auch, und mit Matten ausgestattet. Wir legen uns hin und reden von unseren Schwärmen, von den Berufen, die wir später mal ausüben wollen, und von den Reisen, die wir eines Tages unternehmen werden. Wir stellen uns vor, wie wir auf den Straßen unterwegs sind, im Kombi natürlich, den Führerschein würden wir machen.

In den Artikeln über dich zur Zeit deines Ruhms steht, dass du Tochter von Daniel Gélin und eines »rumänischen Models« bist. Mich amüsiert, dass rumänische Wurzeln zu jener Zeit eher als ein Pluspunkt in einem Lebenslauf angesehen wurden. Rumänin war sie nur mütterlicherseits. Wie dem auch sei. Es so zu verkürzen, ist nur ein geringer Fehler, verglichen mit all den anderen, die ich später noch über dich lesen sollte. In der Geschwisterkonstellation aus sieben Kindern mit dem Familiennamen Schneider nahm deine Mutter nicht die einfachste Position ein. Als einziges Mädchen unter Jungen war sie die Mittlere, einige Jahre nach den Ältesten, den »echten« Schneider-Kindern, und vor den Jüngsten, die von verschiedenen Vätern stammen. Sie wurde wie die anderen im Familienchaos groß, zwischen einem Vater, der offiziell Pianist und schwul war und zu früh starb, und einer Mutter, Geigerin und Alkoholikerin, die zu spät aus der Welt ging. Wenn es einen Punkt gab, über den sich die sieben einig waren, dann über die Tatsache, dass sie nicht gerade in ein stabiles Umfeld hineingeboren wurden.

In der Familie erinnert man sich nicht, dass deine Mutter Model war. Woran man sich erinnert, ist, dass sie mit fünfzehn schwanger wurde, den angeschlagenen Ruf des Hauses weiter ruinierte, indem sie sich angeblich skandalös verhielt. Dass sie in einer Irrenanstalt eingesperrt war und nackt durch das heruntergekommene Gebäude in Melun lief. Über ihren Vater weiß man wenig, aber alle waren sich darin einig, dass er »ein übler Typ« gewesen war. Vermutet wird, dass er im Krieg mit den Deutschen kollaborierte.

Im großen Wirrwarr ihrer Existenz hatte unsere Großmutter es immerhin vermocht, jedem oder fast jedem ihrer Kinder einen Bruder oder eine Schwester desselben Vaters an die Seite zu stellen. Der »echte« Bruder deiner Mutter war ein fragiler Mann, der sich noch mehr als die anderen verlor. Er war Krimineller, Dieb, Alkoholiker, kehrte zerbrochen aus dem Algerienkrieg heim und brachte sich einige Jahre später im Haus deiner Mutter durch einen Gewehrschuss in den Kopf um.

Wie viele Frauen in unserer Familie hatte deine Mutter Kinder von verschiedenen Vätern. Ihr erster und ihr letzter Sohn hatten denselben, einen recht angesehenen Maler. Du bist als Mittlere geboren, aus einer kurzen Beziehung mit einem berühmten und verheirateten Schauspieler, der es sich nicht ausgesucht hatte, dein Vater zu sein.

Dieses Familiengemälde hatte ich in einem früheren Buch, das du nicht mochtest, entworfen. Deiner Meinung nach würde das niemanden etwas angehen, der Alkoholismus und der Wahn, die unehelichen Kinder und der soziale Abstieg, die Schreie und die Wut, die Selbstmorde und Einweisungen, der Inzest und die Homosexualität. Du würdest es sicherlich hassen, dass ich erneut darüber schreibe. Ich ahne es. Und tue es trotzdem. Weil ich, wie du, denke, man kann sich alles erlauben. Weil diese Geschichte auch meine ist und sie aus mir das gemacht hat, was ich bin, sie mir gehört. Nicht mehr und nicht weniger als euch anderen in der Familie.

Schon seit einigen Jahren bin ich berufstätig. Ich bin Journalistin geworden, erzähle das Leben anderer. Und ich bin nun auch Mama eines kleinen Jungen, dessen Lebendigkeit und Intelligenz mir ein neuartiges Gefühl geben, einen unglaublichen Stolz, der mich mit einer grenzenlosen Freude erfüllt. An jenem Tag befinden wir uns, du und ich, in einem Zug nach Straßburg. Es ist die Zeit nach den Drogen, nach den Krisen und den Streits. Und noch vor der Zeit der Schnellzüge. Was von der Familie meines Vaters übrig geblieben ist, fährt zusammen in einem dieser alten Achterabteile in einem Waggon zweiter Klasse. Mein Onkel, meine Tante, eine Handvoll Cousins und Cousinen. Wir werden Henri beerdigen, der als einer der wenigen Brüder von Papa noch am Leben war und der einzige, dessen Abstammung väterlicherseits im Familienwirrwarr nicht identifiziert wurde. Derjenige, der keine echten Geschwister hatte, mit denen er aufwuchs. Das kleine schwarze Schaf, den meine Großmutter nicht liebte, dessen Vornamen sie niemals aussprach, der nicht auf den Familienfotos auftaucht. Ich hatte ihn sicherlich schon einmal getroffen, auf einem Friedhof anlässlich eines anderen Todes, aber ich erinnere mich überhaupt nicht daran. Es gab bereits so viele Todesfälle um uns herum. Henri kam nicht nach Paris, sein Leben spielte sich im Osten Frankreichs ab, auf dem Land, umgeben von Pferden. Er war leitender Angestellter in einer Fabrik, wir wussten weder von Frau noch von Kindern. Kein weiteres Detail aus seiner Biografie oder über seinen Charakter wurde mir erzählt.

Da bist du, sitzt mir gegenüber im Zugabteil. Deine Locken hängen schwer über deinen abgemagerten Schultern. Du versteckst die ersten Falten auf der Stirn hinter einem Pony, den du anscheinend immer wieder richten musst. Wir reden über alles und nichts, du witzelst, wie so oft, mit dieser beißenden Ironie, die dich vor anderen schützt und sicherlich auch vor den Ängsten, die dich überkommen. Wir wissen nicht genau, was uns dort erwartet, wer alles da sein wird, um den Sarg versammelt. Wir sind ein wenig unruhig. Ich hatte versucht, diese sicher beschwerliche Reise zu vermeiden, aber mein Vater hatte darauf bestanden: »Das ist Familie: zusammen auf einer Beerdigung zu sein, selbst wenn die Beziehung zerbrochen ist.« Dieser Satz genügte, um mich zu überzeugen, an der Beisetzung eines Unbekannten teilzunehmen.

Auf dem Bahnhof werden wir von Leuten in Empfang genommen, die sich so schnell vorstellen, dass ich nicht in der Lage bin, mir ihre Vornamen zu merken. Der Tag vergeht mit Messe, Friedhof, einem Gläschen im Haus des Toten. Viele Menschen nehmen Abschied von Henri. Er war nicht so einsam, wie wir uns das vorgestellt hatten, sondern umgeben von anderen. Mich beruhigte der Gedanke, dass dieser verfluchte Bruder geliebt wurde, Freunde hatte, Kollegen und Kolleginnen, die ihn schätzten. Leute, die mit uns in einem Dialekt sprechen, den wir nur schwer verstehen. Henris Haus ist groß. Mein Vater, der bereits eine Woche zuvor angereist war, hat für jeden von uns Pakete zusammengestellt, das Erbe des Onkels. Wir losen wie auf einem Pfarrfest. Ich erhalte eine Sammlung silberner beweglicher Fische, und jemand flüstert mir zu, sie besäßen einen hohen Wert, ihre Hässlichkeit aber stößt mich ab. Sie sind immer noch in dem Plastikbeutel, in dem ich sie bekommen habe, hinten in einem Schrank. Mehr als fünfzehn Jahre später weiß ich immer noch nicht, was ich damit machen soll.

Dein jüngerer Bruder Éric ist anwesend. Ich treffe ihn zum ersten Mal. Er taucht erst zum Totentrunk auf und tut sich schwer in dem Kreis. Er ist sympathisch, aber zerbrechlich, warmherzig, nervös. Ich ahne, dass er anhänglich ist, und die Unterhaltung mit ihm langweilt mich schnell. Instinktiv versammeln sich die Cousins und Cousinen um das Buffet, und wir trinken hastig einige Gläser elsässischen Wein und hoffen vergeblich, locker zu werden. Éric redet am meisten. Immer wieder sagt er, wie froh er sei, uns zu sehen. Auf einmal kommt ihm lauthals die Idee, dass wir, »die Jungen«, ein paar Ferientage zusammen verbringen sollten. Das sei so »nett«, endlich wieder zusammen zu sein, bloß nicht wieder aus den Augen verlieren, wir müssten uns unbedingt besser kennenlernen. Er schlägt einen Segeltörn vor, er könne segeln, versichert er. Das Meer sei seine Leidenschaft, sein Element. Wir willigen ein, ein wenig verlegen, er scheint fragil und niemand von uns möchte ihn in seinem Elan bremsen. Einer meiner Cousins flüstert mir zu: »Mit dem auf einem Boot auf offenem Meer – lieber sterben.« Wir kichern etwas albern.

Einige Zeit später habe ich von Érics Tod erfahren. Er war spazieren gegangen. Er stürzte sich von einer Klippe hinunter, in diesen Ozean, den er, wie er sagte, so sehr liebte.

An diesem Spätnachmittag im Elsass, als ein weiterer Name auf dem Familienfriedhof ergänzt wird, besteht unsere Hauptsorge darin, dass wir den Zug zurück nach Paris verpassen. Wir verstehen uns ohne Worte, denn niemand von uns kann sich vorstellen, hier zu übernachten. Wir suchen eine gute Seele, die so freundlich wäre, uns zum Bahnhof zu fahren. Einige Gäste bieten sich an. Ich zwänge mich mit dir, Maria, auf die Rückbank eines Autos. Dir scheint die Idee, hier nicht mehr wegzukommen, am meisten Angst einzujagen. Von vorn löchert uns ein Paar, das wohl zu unserer Familie gehört, mit Fragen. Der Mann und seine Ehefrau wollen die genaue Familienverbindung von uns zu ihnen wissen. Sie erwähnen Leute, die wir kennen müssten, Vornamen, versuchen, eine rätselhafte Vetternschaft zu entschlüsseln. Wir antworten auf ihre Fragen so wenig brutal wie möglich. Unsere Äußerungen verstören sie. In dem engen Raum breitet sich eine Spannung aus, die im Schweigen endet. Ich schaue aus dem Fenster, um Schilder zu finden, die anzeigen, wie viel Zeit wir noch miteinander verbringen müssen. Unsere Fahrer haben offensichtlich nicht vor, uns einfach so davonkommen zu lassen. Nach ein paar Minuten dreht sich die Frau zu uns um mit einem ängstlichen Schleier in den Augen: »Ihr kennt also gar keinen Schneider?«

Warum waren wir nicht wie jedermann? Der Wahnsinn ihrer eigenen Familien hat meinen Eltern nicht gereicht, sie hielten es für richtig, uns auch die kleinste Abartigkeit nicht zu ersparen, die in den 70er-Jahren angesagt war. Wir lebten damals im kompletten Widerspruch zu dem, was der berufliche Status meines Vaters und die soziale Herkunft meiner Eltern, die beide aus dem gehobenen Bürgertum stammten, erwarten ließ. Wir wohnten in dieser Neubauwohnung, die mein Vater als Alleinverdiener in einer Familie mit zwei Kindern von der Stadt gestellt bekommen hatte. Die Wochenenden verbrachten wir in einem Haus, das wir uns in einer Gemeinschaft teilten, in der Nähe des Waldes von Rambouillet. In den Sommerferien campten wir wochenlang auf einer windigen und wilden bretonischen Insel, wo wir auf Isomatten schliefen und nicht daran dachten, uns zu waschen. Manchmal trafen wir Freunde, die das Leben in einer Gemeinschaft in einem verfallenen Dorf in den Cevennen neu erfanden, am Ende von steinigen Wegen, in überhitzten Häusern ohne Wasser und Strom. Ab und zu besuchten wir eine Cousine von Mama, dessen Mann Chiropraktiker war und der mit einem Pendel in der Hand umherspazierte, um die schlechten Energien und die bösen Geister zu vertreiben. Sie waren Veganer, verbannten alle Nahrung, die von Tieren stammte, Milchprodukte, Fleisch, Fisch, Eier. Ich erinnere mich an den bitteren Geschmack der Mangoldtartes und der Bulgursalate, die es zu jedem Essen gab. Die Gespräche der Erwachsenen drehten sich um die Auswirkungen des Vollmonds auf das Haarwachstum. Wichtig sei, die Haare an bestimmten Tagen zu schneiden und sie sofort zu verbrennen, sonst könnte eine Hexe einen Fluch über sie legen. Mein Vater war weniger an paranormalen Phänomenen interessiert und auch nicht an den großen Fragen des Universums, was wiederkehrende Themen bei den Hippies waren, die wir damals besuchten. Er widmete sich voll und ganz dem linken Militarismus, hatte sich die extremste maoistische Vereinigung ausgesucht, in der es verboten ist, verheiratet zu sein und Kinder zu haben. Er belog seine Kameraden. Für die meisten seiner Kampfgenossen existierten wir nicht. Dennoch waren wir dabei, bei jedem Kampf, jedem Protest, bei den Demos gegen die Ölkatastrophen. Unsere Wohnung war vollgestopft mit Produkten in Großhandelsverpackungen, um die Sache des Arbeiterkampfs zu unterstützen. Kartons voller Madeleines okkupierten einen Teil der Küche. Ich weiß nicht, wie wir es geschafft haben, sie alle zu vertilgen. Ich habe seitdem nie wieder eine gegessen. Unsere Kindheit war eine lange Abfolge von Demonstrationen aller Art, an die ich sehr freudvolle Erinnerungen habe.

Meine Mutter kaufte den Großteil ihrer Kleidung auf dem Flohmarkt. Sie trug zu ihren Outfits selbst gemachte Accessoires, Broschen aus Messing mit bunten Glitzersteinen, Perlenketten, die auf ihrer dunklen Haut leuchteten, lange Ohrringe, die an ihrem krausen Haar hängen blieben. Gelegentlich verkaufte sie ihre fein gefertigten Kreationen in Geschäften und schenkte sie ihren engsten Freunden, ihrer Schwägerin, auch dir, Maria. Du hast sie geliebt. Mein Bruder und ich trugen eine Mischung aus bei Prisunic gekaufter Kleidung und ethnischen Tuniken, die Freunde aus aller Welt mitgebracht hatten, Berberhemden oder Blusen aus Rumänien, indische Kleider, peruanische Mützen, dänische Holzclogs, von der Familie gestrickte Pullover in knalligen Farben, verziert mit Satinbändern und Lurexfäden. Auf den Fotos von damals sehen wir großartig aus, mit langen, wilden Haaren, dunklen, wachen Augen und bunten Anziehsachen. Doch in dieser Phase meiner Kindheit hasste ich es, wie wir angezogen waren, die schlecht sitzenden Pullover, die unbequemen Clogs, die an den Knöcheln wehtaten und mit denen alle Spiele auf dem Schulhof gefährlich wurden: Rennen, Versteckspielen, was wir systematisch verloren, weil wir einfach nicht im gleichen Tempo rennen konnten wie die anderen. Seilspringen oder Gummitwist waren mit den schweren Holzsohlen kaum vereinbar.

Die Scham kam zuerst von diesen unbedeutenden Details, die in einem Alter, in dem man unbedingt genauso aussehen will wie die anderen, herausstechen. Ich träumte von Smokkleidern, Riemchensandalen, Lacklederschuhen, Kilts, einer Uniform in den Primärfarben Blau, Rot und Gelb statt Violett, Orange oder Rosa, den Farben, deren Fahnenträger wir anscheinend waren. Später sollte meine Mutter einwilligen, mir die gleichen Kleidungsstücke, wie sie meine Freundinnen hatten, zu kaufen, wahrscheinlich aufgrund meiner Beharrlichkeit und auch, weil wir etwas mehr Geld besaßen. Aber die Scham war da, lauerte, tauchte unerwartet auf, in gewaltigen, unkontrollierbaren Schüben. Dieses Gefühl, nicht richtig zu sein, hat mich seitdem nicht verlassen. Die Kleidung, die wir damals trugen, bedeutete viel mehr als das Aussehen, das sie uns verlieh. Sie lenkte die Aufmerksamkeit auf uns, sie zeigte das, was ich so gern hätte verbergen wollen: dass bei uns vieles schieflief.

Unser enges Familienquartett war eine ziemlich dünne Schutzhülle, um uns vor dem Wahnsinn zu bewahren, der uns von allen Seiten umgab. Die anderen Kinder gehörten zu normalen Familien mit mehr oder weniger sympathischen Großeltern, Onkeln, Tanten, Cousins und Cousinen, die sich in den Ferien trafen. Wir hatten keine Großeltern. Die Mutter meines Vaters verlor nach und nach den Verstand in einem Altersheim, wo sie Eau-de-Cologne-Wasser trank, statt sich damit einzusprühen. Der Vater meines Vaters starb, als dieser noch ein Kind war. Wir hatten einen Familiennamen, den wir niemals hätten tragen dürfen. Wir waren Kuckuckskinder. Die Familienverbindungen meines Vaters waren so schwer zu entwirren, dass wir gar nicht erst wagten, das Thema anzusprechen. Im Alter von zwanzig Jahren erfuhr Papa zufällig, dass sein Vater nicht sein Vater war und seine Brüder – mit Ausnahme von einem – nicht seine echten Brüder waren. In unserer persönlichen Geografie gab es von nun an die »echten« und die »falschen« Verwandten, eine Demarkationslinie in Bezug auf die Identität der Väter, die durch den Altersunterschied noch verstärkt wurde. Die »falschen« sahen wir nicht. Sie waren angeblich verrückt. Sie waren Alkoholiker, drogenabhängig, verloren, begingen Selbstmord. Sie traten in unser Leben und verschwanden wieder, je nach Unterhaltung. Wenn die Rede auf sie kam, war es oft kein gutes Zeichen: ein zwangsläufig sehr ernster Streit, ein Anfall von Wahnsinn, ein plötzlicher Tod. Dann befanden wir uns wieder, die »Echten« und die »Falschen«, ohne genau zu wissen, welcher

Kategorie wir angehörten, in Wartesälen von psychiatrischen Anstalten, in Krankenhäusern oder auf Friedhöfen.

Diese Verwirrung schien kein Ende zu nehmen, wurde ohne Unterlass von Generation an Generation weitergereicht, über den Tod hinaus, von den Ältesten an die Jüngsten, die ihrerseits gebrochen wurden, und breitete sich auf die Angehörigen aus, auf alle, die naiv oder unachtsam genug waren, in unsere Nähe zu kommen. Seitens meiner Mutter hatten wir unseren Kameradinnen und Kameraden auch keine bessere Geschichte zu bieten. Sie hatte Eltern, aber wir haben sie nie zu Gesicht bekommen. Als sie volljährig wurde, hatte sie sie verlassen, um sie nie wieder zu sehen. Sie wohnten, wie wir, in Paris, wir kannten nicht einmal ihre Stimmen. Sie haben nie versucht, uns zu treffen. Sie waren »böse«, erklärte mir meine Mutter. Du, Maria, warst weder unter den Echten noch den Falschen, deine Zugehörigkeitsgebiet war unbestimmt. Du warst Teil der Kategorie der »Verrückten«, zweifellos, aber man war der Meinung, du seist dafür »entschuldigt«.

Du warst sehr krank. In deiner Lunge wurde ein Jahr zuvor ein Tumor entdeckt. Die Ärzte waren pessimistisch. Mehrere Male bist du operiert worden, hast schwere Chemotherapien über dich ergehen lassen, neue Behandlungsmethoden, die wirksamer als die vorherigen sein sollten. Bis zum Schluss hast du mit deiner immer schwächer werdenden Stimme versichert, dass du gesund werden würdest. Du hast Gewicht verloren, musstest deine wunderschönen Haare abschneiden lassen, durftest sie nicht mehr färben, du warst von den Medikamenten und einem anhaltenden Husten erschöpft. Dennoch hast du immer wieder betont, dass du da herauskommen würdest. Du hast dich an Fällen in deinem Bekanntenkreis festgehalten, an Menschen, die überlebt haben, auch wenn sie angeblich zum Tode verurteilt waren. Du konntest konkrete Fälle von Berühmtheiten zitieren, von denen man dir erzählt hatte. Daran hast du sogar noch geglaubt, als du deine Wohnung im Palais-Royal-Viertel gegen ein medizinisches Zentrum tauschen musstest, das man nur in einem Sarg verlässt.

Wir kamen dich besuchen, abwechselnd, um dich nicht zu überanstrengen. Du hast nicht mehr viel gegessen. Wenn man dich gefragt hat, womit man dir eine Freude machen könnte, kam immer die gleiche Antwort: »Champagner«. Die großen Marken mit den raffinierten Etiketten waren dir die liebsten, die feinen Bläschen und das Klirren der Sektflöten, wenn sie aneinanderstießen. Wir tranken dann ein oder zwei Gläser miteinander, egal zu welcher Tageszeit. Du hast so getan, als würdest du dich verstecken, wie ein Kind, das eine Dummheit begangen hat. Die Krankenschwestern amüsierten sich über dein Versteckspielchen. Dein Zimmer hat dir gefallen, es war geräumig und sauber. Auf den Fenstersims hast du die Geschenke gelegt, die dir deine Besuche mitgebracht hatten. Manche blieben verpackt, du warst zu müde oder hast es für unnötig gehalten, sie zu öffnen, diese Geschenke, die du nicht mit zu dir nach Hause nehmen würdest. Das Aufstehen hat dir immer größere Schwierigkeiten bereitet, aber es war dir wichtig, uns bis zur Tür zu begleiten. Über deinem Bett waren mehrere Lampen in die Decke eingebaut, die das weiß getünchte Zimmer erhellten. Am Tag vor deinem Tod hast du mit einem Finger darauf gezeigt und lächeltest: »Das ist wie am Filmset.« Dein Blick hellte sich für einen kurzen Moment auf.

Brigitte Bardot bestand darauf, deine Beerdigung zu organisieren. Die Familie hatte dabei nichts zu sagen. Du hast oft von »Brigitte« gesprochen und uns wurde klar, dass es sich um Bardot handelte. Während der Krankheit hattest du den Kontakt zu ihr wieder aufgenommen, nach Jahrzehnten. Hattest du dich erneut verlassen gefühlt, als du nach dem Rausschmiss bei deiner Mutter und dem Verlassen der Wohnung meiner Eltern, denen du sehr nah warst, aus der Avenue Paul-Doumer ausziehen musstest? Ich habe nie gehört, dass du darüber gesprochen hast, du kehrtest nicht zu schmerzhaften Momenten zurück. »Brigitte« tauchte hier und da in Gesprächen auf. Du hast die Telefonanrufe jeden Sonntag erwähnt, die Geschenke, die sie dir schickte. Zwischen euch hatte sich eine Bindung entwickelt, die euch beiden guttat. Sie war weitaus berühmter als du, aber ihr hattet die gleichen Übel erlitten, die allzu schwere Last zu tragen, ein Sexsymbol zu verkörpern, die Frau als Objekt, die Schauspielerin, deren Talent nicht gefragt ist, ihr beide wart Opfer männlicher Übermacht.

Ganz am Ende hatte »Brigitte« dich gefragt, was dir am meisten Freude bereiten würde. Ohne zu zögern, hattest du geantwortet: »Nach Menthon-Saint-Bernard zurückzukehren.« Dort, in dieser Gemeinde in der Haute-Savoie am Ufer des Sees von Annecy, hat die Familie ein Ferienhaus besessen. Ich habe es nicht kennengelernt. Du hast, wie auch mein Vater, dort die meisten Sommer verbracht. Unser Altersunterschied hat uns nicht die gleiche Familienlandkarte verschafft.

Untereinander habt ihr von Melun und von Menthon gesprochen, zwei Anwesen, die vor meiner Geburt zum finanziellen Ruin meiner Familie beitrugen. Du musst schöne Erinnerungen gehabt haben an dieses Haus in den Alpen, das ich nur von Fotos kannte. Als deine letzte Reise hast du die Fahrt nach Menthon ausgewählt und »Brigitte« hat sie dir spendiert, den Zug und das Hotel. Und wieder hast du dir einen Scherz daraus gemacht. »Sie kümmert sich nicht nur um überfahrene Hunde.«

Der Film dauert sieben Minuten und vierzehn Sekunden. Maria ist 1983 zu Gast bei »Cinéma cinémas«, der Sendung von Michel Boujut und Claude Ventura, die Schauspielern und Regisseurinnen gewidmet ist. Es ist kein gewöhnliches Format, sondern eine Reihe mit Begegnungen, die wie Filme inszeniert sind, in denen die Kamera die Person vor ihr sie selbst sein lässt, sie begleitet, wie sie trinkt oder raucht, sich bückt, den Kopf dreht, aus dem Bildfeld verschwindet. Die Kamera läuft, wenn es still ist, erfasst die Emotionen, gestaltet das Interview mit Schwarzblenden. Der Gast wird zum Hauptdarsteller eines Films über sich, der Realismus wird zur Fiktion. Maria ist vor dem Objektiv. Sie sitzt auf einer Bank in einem Café. Hinter ihrem Rücken ist ein großer Spiegel, in dem man die volle Mähne sieht. Sie hat die kindlichen Rundungen verloren und besitzt die Schönheit einer dreißigjährigen Frau. An den Ohren hängen Kreolen, die sich in die kastanienbraunen Strähnen mischen. Sie trägt eine schwarze Jacke über einer weißen Bluse, so sollte ich sie von da an fast immer sehen. Ich erahne eine Jeans an ihren Beinen, die von dem Tisch verdeckt sind, an dem sie aufrecht sitzt. Erste Zigarette: Sie duzt die Interviewerin, die man nicht sieht. Die Sequenz beginnt mitten in einer Diskussion, wie wenn man zufällig in ein Gespräch zwischen zwei Menschen platzt. Es geht um Männer und Frauen, die ungleiche Behandlung, die im Filmgeschäft üblich ist. Maria spricht das Wort Frauenfeindlichkeit nicht aus. Maria macht keine Politik. Maria stellt fest: »Für die Männer ist es einfacher, sie werden als Gaukler, Außenseiter angesehen. Wenn du so ein Schicksal wie das von Romy siehst oder von anderen, stellst du dir schon Fragen.« Pause. Zweite Zigarette: »Ich lehne viele Rollen ab. Es gibt nicht viele Rollen einer würdevollen Frau. Man lässt eine Frau immer in Beziehung zu einem Mann erscheinen, in Bezug zu einem Paar.« Sie fügt, fatalistisch, hinzu: »Wie überall sind es die Männer, die im Kinogeschäft das Sagen haben.« Sie zieht an der Zigarette und der Rauch vernebelt das Bild, Maria schweigt.

Maria redet keine heiße Luft. Die Frage des Status der Frauen, ihres eigenen, quält sie. Sieben Jahre zuvor, gerade mal dreiundzwanzig Jahre alt, als die Kritiken ihr noch eine brillante Karriere auf der Leinwand voraussagen, lässt sie vor der Kamera von Delphine Seyrig bereits einen tiefen Pessimismus erkennen. Im Jahr 1976 dreht die Schauspielerin einen Dokumentarfilm mit dem Titel *Sei schön und schweig*, in Anlehnung an den gleichnamigen Film von Marc Allégret von 1958. Darin befragt sie gut zwei Dutzend Schauspielerinnen und Regisseurinnen aus Frankreich, den USA und England zum Platz der Frauen in der Kinowelt. Maria wird auf dem Land gefilmt, dichtes Laub scheint ihre Silhouette zu verschlucken. Sie raucht bereits sehr viel. Sie erzählt: »Ich bekomme nur Rollen als Schizophrene, als Verrückte, als Lesbe angeboten, auf die ich gerade keine Lust habe.« Sie hätte gern auch ein Recht auf ihre Frische, ein heiteres Filmprojekt. »Ich möchte lieber leichte Sachen spielen, in einem Film wie *Céline und Julie fahren Boot*«, einem verrückten Spielfilm von Jacques Rivette, der 1974 herauskam. Maria lacht. Und fährt fort: »Und auch mit Männern, die in meinem Alter sind. Nicholson ist besser als Brando, aber nicht das Richtige. Er ist vierzig Jahre alt, ich bin dreiundzwanzig. Die Produzenten sind Männer, die Techniker sind Männer, die Regisseure sind größtenteils Männer, die Presse besteht aus Männern, die Agenten sind Männer, die dir Drehbücher zu lesen geben, dich aufstellen, beraten. Sie haben alle Geschichten für Männer.«

Vor der Kamera der »Cinéma cinémas«, zehn Jahre nach dem *Tango*, hat Maria zwei, drei Dinge mehr verstanden: »Es ist ein sehr, sehr gefährlicher Beruf.« Sie beharrt darauf: »Sehr gefährlich. Ein Beruf, den ich keinem jungen Menschen empfehlen würde. Man braucht Kraft, Gesundheit, einen klaren Kopf.« Im Hintergrund vermischen sich das Zischen einer Espressomaschine und das Klackern eines grob bedienten Flippers. Dritte Zigarette: »Wolltest du Filme machen, als du klein warst?« Maria schüttelt den Kopf. »Ich wollte zeichnen, Malerin werden.« Ihre Aufmerksamkeit verschwindet, ein neues Geräusch lenkt sie ab: »Gibt es hier eine Drehorgel?«

In der Familie stehen sich zwei Versionen über die Gründe deiner kurzen Karriere gegenüber. Die erste, die bei uns im Umlauf war, meint, die Droge hat dich vom Set vertrieben. Die zweite, an die du dich stur geklammert hast, sah den Grund in der Gewalt der Filmwelt, in der die Männer die Regeln aufstellten. Es gab noch eine dritte, die von niemandem erwähnt wurde, aber an die jeder und jede von uns dachte: Du warst dafür nicht geschaffen. Du hast das Kino geliebt, als wäre die Filmrolle ein Faden, der dich mit deinem Vater verband, dabei gefiel dir das Spielen gar nicht so sehr. In unserer Familie spielte man nicht gern. Weder Karten noch Gesellschaftsspiele, weder Rollen noch einfach so. Unsere eigene Geschichte ist zu verworren, als dass wir fähig wären, uns andere auszudenken.

In dem Film von sieben Minuten und vierzehn Sekunden, der dir gewidmet ist, stellt dir die Interviewerin eine letzte Frage: »Magst du es, an einem Filmset zu sein?« Du lächelst, wie um ein unangenehmes Gefühl zu verbergen. Du senkst die Augen. Das Schweigen dauert nicht lange, es ist für mich eine Art Geständnis. Dann hebst du trotzig den Kopf und starrst die Kamera herausfordernd an: »Wenn ich das nicht mögen würde, würde ich etwas anderes tun.«

Maria ist da. Sie liegt ausgestreckt auf dem Sofa. Sie scheint zu schlafen, steht dann aber plötzlich aufgeregt auf. Sie kratzt sich, als wäre sie gerade von einem Schwarm Mücken attackiert worden. Sie reibt sich heftig und ungeschickt die Haut, ich habe Angst, dass sie sich wehtut. Sie greift nach ihrer Tasche, sie muss gehen, jetzt, gleich. Sie ist auf Entzug. Sie muss einen Dealer finden, Drogen kaufen. Ich habe oft gehört, wie meine Eltern das erklärt haben. Sie schlägt die Tür zu, ohne sich zu verabschieden. Einige Minuten später klingelt sie wie wild und klopft gleichzeitig an der Tür mit ihren Fäusten auf das Holz. Man öffnet ihr nicht schnell genug. Maria ist wütend, ihr Mofa steht nicht mehr unten, sie hatte es gerade erst gekauft, gestern. Um es uns zu zeigen, war sie an dem Tag extra damit gekommen. Wir bewunderten ihr Zweirad. Sie war so stolz darauf, meine Augen glänzten mit ihren. Ich bewunderte das Metallblau und den verchromten Rückspiegel, es war in der Tat das schönste Mofa der Welt. Maria ist außer sich darüber, dass man ihre neue Anschaffung gestohlen hat. Sie kriegt sich nicht mehr ein. Mein Vater sagt ihr, dass sie es nicht abgeschlossen, vielleicht sogar den Schlüssel stecken gelassen hat. Sie protestiert, kann den Schlüsselbund aber nicht finden. Sie schimpft auf dieses »Scheißviertel«, sie weiß nicht einmal mehr, warum sie überhaupt hierherkommt. Schlüssel am Mofa oder nicht, das ist doch nicht normal, dass man es ihr geklaut hat. Sie will zur Polizei, Anzeige erstatten, sie werden schon sehen, was sie davon haben, diese kleinen Mistkerle.

Papa versucht, sie davon abzubringen, er verliert langsam die Geduld. Er hat genug von diesem ganzen Zirkus, von Marias Eskapaden, dem Geschreie und dem Rausch. Er will endlich einmal ein ruhiges Familienwochenende verbringen. Er versucht, sie zu beruhigen. »Du kannst in deinem Zustand nicht zur Polizeiwache gehen.« Maria versteht es nicht. Sie protestiert: »Ich wüsste nicht, warum nicht.« Der Ton wird lauter, denn Papa kann nicht mehr, die Verzweiflung und die Angst sind plötzlich stärker als die Geduld. Also fängt er auch an zu schreien und greift sie am Arm, er zieht ihre Ärmel brutal hoch, während sie um sich schlägt: »Verstehst du immer noch nicht, schau dich doch an, guck dir deine Arme mal an, glaubst du, die Bullen nehmen freundlich deine Anzeige auf und lassen dich so wieder gehen?« Er zeigt auf die Einstiche, und ich bin dabei, und ich schaue. Ich bin ein Kind. Es sind so viele, ich hätte nicht gedacht, dass es so viele sind, dass es so viele sein können, und all die blauen Flecke und die violettfarbene Haut. Er zieht dich vor den Spiegel, hebt deine schwere Haarmähne hoch und zeigt mit dem Finger auf die roten Punkte und die gelben Linien: »Du bist von oben bis unten durchlöchert.« Und er wiederholt: »Schau dich doch an, schau dich an!« Sie schließt die Augen und ich schließe sie auch, denn es ist zu hässlich mitanzusehen und mir dreht sich der Kopf. Maria ist jetzt still. Papa lässt sie los, er wirkt erschöpft. »Geh halt, wenn du willst«, flüstert er kaum hörbar, »aber ich hol dich nicht aus dem Knast.« Maria geht. Im Treppenhaus hört man ein letztes Schreien: »Ihr seht mich nie wieder.« Einige Tage später ist sie wieder da, mit leerem Blick, einem Schal um den Hals, lehnt lässig an den indischen Kissen. Von dem blauen Mofa keine Rede mehr.

Wir sitzen im Auto, in dem weißen Renault 12, mit dem wir so lange gefahren sind, bis er nicht mehr konnte. Ich schaue aus dem leicht geöffneten Fenster, wie mir Mama es beigebracht hat, damit mir nicht schlecht wird. Mir war in diesem Auto immer unwohl. Es strömte einen Geruch nach Verfaultem aus, nach Kunstledersitzen, kaltem Tabak und Üblem, das aus dem Kofferraum kam und alles verpestete. Du konntest nie etwas wegwerfen, Papa. Weil du ein Kind des Krieges bist, wie du gesagt hast. Wir machten uns über dich lustig, im Frühjahr 1944 wurdest du geboren, den Krieg kanntest du nur aus den Erzählungen deiner älteren Geschwister. Du hast es nie übers Herz gebracht, den Rest Milch, Hühnchen oder ein paar Löffel Suppe, ein altes Stück Käse oder Brot und all diese Essensreste wegzuwerfen, dir war wichtig, sie nach Paris zurückzubringen, jeden Sonntagabend, in Plastiktüten, und alles kippte um, vermischte sich im Kofferraum dieses Autos, der Rest Marmelade, die Tropfen Milch, ein paar Kleckse Nudelsoße, Kekskrümel. Es stank unentwegt.

Sobald ich mich ins Auto setzte, wurde mir übel, von dem Mix aus beißendem Geruch im Innenraum und Angst. In keinem anderen Transportmittel wurde mir schlecht, nur in diesem Auto. Außerhalb der Sommerferien fuhren wir damit nur an Orte, die ich hasste. Aufs Land, in dieses Haus, das ich nicht mochte, nach Saint-Maur, um Oma zu besuchen, die in einem Altersheim darauf wartete, dass der Tod sie endlich von einem Leben voller Schicksalsschläge erlöste.

An jenem Tag fuhren wir an einen Ort, den ich nicht kannte. Ich sehe, wie die Stadt sich entfernt, die Vororte sich ausdehnen, die ersten Anzeichen des Landes auftauchen, Felder ohne Ende, Dörfer, die wir durchqueren. Ich erinnere mich an einen Wald. Wälder machen mir Angst, Papa, seitdem wir uns mit dir in einem verirrten, als wir noch sehr klein waren. Es wurde schon dunkel und du fandest den Weg nicht mehr, nach einer Weile gab es überhaupt keinen Weg mehr. Nur riesige Bäume, die in der Dunkelheit kaum erkennbar waren, dichtes Gebüsch, das wie vom Atem der Tiere raschelte, Wurzeln und Dornen, an denen wir uns die Beine aufkratzten und über die wir stolperten. An jenem Abend, auf unserem anarchischen Spaziergang, sang ich und erzählte Witze. Mein Bruder war verschreckt und du warst in Panik. Du hattest dich mit deinen Kindern im Wald verirrt. Es war inzwischen dunkel, du wusstest, dass Mama sich Sorgen machen würde, sie hatte nur ungern akzeptiert, dass du uns mitnimmst, sie vertraute dir nicht. Und ich, das kleine verängstigte Mädchen, das ihr Gesicht hinter den langen Haaren versteckte und zu schüchtern war, um sich in der Klasse zu melden und bei Freundinnen zu übernachten, ich sang. Ich sang vor mich hin, erfand Liedtexte. Ich sammelte Zweige, die ich verteilte, »Stöcke, um die Wölfe zu töten«, und ich wollte euch zum Lachen bringen. Ich beruhigte dich, Papa, und ich sagte dir, dass du den Weg schon wiederfinden würdest, auf alle Fälle, ganz bald, und dass wir nach Hause kommen, uns am Feuer wärmen würden und du in den Blasebalg pusten würdest, um die Glut zu entfachen, mit diesem Gerät, das du manchmal in

Eile verkehrt herum benutztest, und dann sahst du aus wie ein trauriger Clown, das Gesicht schwarz vor Asche. Ich sagte es immer wieder und vermied es, mich umzuschauen, wir würden aus diesem bedrohlichen und – nachdem es angefangen hatte zu regnen – auch feuchten Wald herauskommen, den Weg zurückfinden und in dieses Haus, das du so sehr liebtest und ich so sehr hasste, zurückkehren. Ein wenig zufällig stießen wir auf das Dorf und waren erleichtert wie Matrosen, die ein Unwetter überstanden hatten. Kaum waren wir zu Hause, sagtest du zu Mama: »Wir hatten uns verirrt und sie sang!« Du schienst es nicht fassen zu können. Später kamst du zu mir, um mich zu beglückwünschen: Ich hätte eine enorme Kraft, sagtest du, und könnte unerschöpfliche Quellen in den schwierigsten Momenten anzapfen. Deine Worte erfüllten mich mit ungemeinem Stolz.

An jenem Tag, als wir auf der mir unbekannten Straße fuhren, dachte ich nicht an den Muff des R12. Es war die Zeit der Drogen, es ging damals immer nur um Drogen, Maria. In deinem Leben und ein wenig auch in unserem. Du kamst zu uns nach Hause und warst jedes Mal aufgeputschter und zerstörter. Du versprachst aufzuhören und hast nichts dafür getan. Du begingst vor unseren Augen Selbstmord. Die Aufenthalte im Sainte-Anne waren nur eine Verschnaufpause in dem Albtraum deiner Sucht, sobald du konntest, gingst du fort, auf die Suche nach einer neuen Dosis. Papa hatte von einer Klinik gehört, die Drogensüchtige behandelte. Er hatte dich überzeugt, dort hinzugehen. Eher überredet, du wolltest nicht. Die Einrichtung war weit weg von Paris.

Die gesamte Familie würde dich einliefern, denn bei uns geschah alles als Familie. Niemand fragte sich dabei anscheinend, ob Kinder erlaubt waren. Mein Bruder und ich blieben im Auto, auf dem Parkplatz, während die Eltern dich in diese Klinik begleiteten, die dich retten sollte. Schreie wie von einem wilden Tier drangen bis zu uns. Das bist du, Maria, du schreist dir die Stimmbänder aus dem Hals. Ein Arzt ordnet an, dich zu fesseln, du versuchst vergeblich, dich loszumachen. Du wirst gegen deinen Willen sediert. Wir fahren zurück nach Paris und dein Schmerzensschrei begleitet uns auf dem Heimweg. In der Nacht bist du abgehauen. Papa wolltest du nicht mehr wiedersehen.

Ich sage mir oft, dass du nicht gemocht hättest, was ich erzähle, Maria. Du hättest nicht gewollt, dass ich über deine Mutter spreche, über deinen Vater, die Drogen, deine Brüder. Also lösche ich, was ich gerade geschrieben habe. Und beginne wieder von Neuem. Denn über dich zu sprechen, ohne über deine Mutter zu sprechen, über deinen Vater, die Drogen oder den *Tango*, wäre, als würde ich aufgeben, über dich zu sprechen.

Dieses Buch hätten wir zusammen schreiben können. Wir hätten es zusammen schreiben müssen. Wir hatten vorgehabt, es zusammen zu schreiben. Bei einem Weihnachtsessen bei meinem Vater, als ihr endlich wieder miteinander versöhnt wart, hattest du dich zu mir vorgetastet. Du warst noch nicht krank oder zumindest wusstest du es nicht. Du schienst besorgt. Du hast dir Gedanken über den Tod gemacht, das Jenseits, darüber, was über dich gesagt werden würde. Du sagtest immer wieder, dass du deine Version der Geschehnisse am liebsten darstellen würdest, von dir selbst erzählen würdest. Du vertrautest mir an, bereits Dutzende Blätter beschrieben zu haben, Notizen von Dreharbeiten, Erinnerungen, aber du würdest es nicht allein schaffen. Da das Schreiben mein Handwerk war, würde ich dieses Buch mit dir schreiben wollen? A., deine Liebe, die Frau, mit der du das Wichtigste in deinem Leben geteilt hast, bestärkte dich darin. Innerhalb der Familie, so glaubte sie anscheinend, könne man einander vertrauen. Ich hatte dir versprochen, darüber nachzudenken, und rief dich an. Ich spürte, dass das Projekt nicht leicht sein würde, du warst noch sichtlich verletzt und deine Reaktionen waren oft unberechenbar. Du hattest mir versichert, dass du genug Zeit hattest, darüber nachzudenken, und es nicht aufgeben würdest. Du hattest mich gebeten, einen Verlag zu finden. Meine Freundin Judith, mit der ich in der *Libération* zusammenarbeitete, riet mir, Jean-Marc Roberts vom Verlag Stock zu treffen: »Die 70er-Jahre, Kino, das ist etwas für ihn.« Ich kam in die Rue de Fleurus, schüchtern wie eine Anfängerin. Ich erklärte umständlich, worum es ging, er fiel mir ins Wort. Mehr müsse ich ihm nicht erzählen, er war begeistert. Ich organisierte ein Treffen zu dritt. Wir verabredeten uns zum Aperitif im Hotel du Louvre, nicht weit von dir. Du liebtest Hotelbars, die gedämpften Lichter und die gepflegte Bedienung. Ihr kamt schnell miteinander ins Gespräch, ohne dass ich etwas hätte tun müssen. Ihr habt über gemeinsame Erinnerungen gesprochen, die Nachtwelt, Bekanntschaften, die man aus den Augen verloren hatte, Freunde, die man wiedertraf. Als wir wieder gingen, wirktest du fröhlich. Du sagtest zu mir: »Ich habe ein gutes Gefühl.« Jean-Marc Roberts schickte uns einen hervorragenden Vertrag, aber kurz darauf, noch bevor wir uns trafen, um darüber zu sprechen, kamen dir die ersten Zweifel. Musste man wirklich an deinen Vater erinnern? War es nötig, die Drogen zu erwähnen? Und was ist mit deiner Mutter? Ich versuchte dich zu beruhigen, aber deine besorgten Telefonanrufe häuften sich. Je mehr du an das Buch dachtest, desto weniger fandest du Schlaf. Allein der Gedanke, deine Erinnerungen wachzurufen, stürzte dich in tiefste Angstzustände. Deine Zweifel wurden bald meine. Dieses Buch sollte kein Leid erzeugen, weder bei dir noch bei mir.

Ich beschloss, es aufzugeben. Du warst erleichtert, als ich es dir mitteilte. Den Vorschuss haben wir Stock zurückgezahlt.

Manchmal kamst du bei Familienzusammenkünften auf das Buch zu sprechen. Du sagtest, du seist noch nicht bereit dafür, aber eines Tages würden wir es schreiben. Ich tat so, als würde ich dir glauben, aber ich ahnte, dass du dich niemals dazu entschließen würdest. Ich wusste bereits, dass ich es allein schreiben würde. Nicht deine Geschichte, die dir gehört und von der ich letztlich sehr wenig weiß, aber unsere.

Deine Filmografie hat sich mir nicht geradlinig erschlossen, sondern eher zufällig und unter verschiedenen Umständen. Der erste Film, in dem ich dich spielen sah, ist *La Dérobade* von Daniel Duval. Du verkörperst eine Prostituierte an der Seite von Miou-Miou. Es war ein schlechter Start. Meine Cousine als Nutte zu sehen, hätte ich mir gern erspart, das kannst du dir wohl vorstellen. Miou-Miou heißt Maria, du Maloup, und da ist noch Gérard, der Zuhälter. Der Film kam 1979 heraus, er erzählt vom Verfall, von der Gewalt, der Prostitution, von Frauen, die von Männern manipuliert und erniedrigt werden. Und wieder wirst du missbraucht, und wieder zeigt man dich nackt. Sieben Jahre nach dem *Tango* hast du es nicht geschafft, dem Käfig dieser Rolle zu entkommen. Im gesamten Film sagst du nichts. Dabei bist du in fast jeder Szene präsent, aber du bekommst die Zähne nicht auseinander und lässt Miou-Miou für euch beide sprechen. Alle außer dir in dem Film reden. Dein Schweigen hatte ich bemerkt, es aber nicht verstanden. Später erfuhr ich, dass du zu sehr unter Drogen standest, um mehr als drei gerade Sätze zu sprechen. Der Regisseur strich jeden Tag aufs Neue deinen Part.

La Dérobade wurde zum Publikumserfolg. Für dich war es ein Wendepunkt. Endlich konntest du klar sagen: Du willst dich nicht mehr nackt zeigen. Zu Beginn der 8oer-Jahre hast du entschieden, alle Drehbücher, die Sexszenen enthalten, abzulehnen. Um deine Haut zu retten, brauchtest du Anziehsachen. Nie wieder würdest du das laszive Mädchen sein, das seinen Körper darbietet. Niemand würde deine schweren Brüste und deine samtene Haut sehen. Die meisten Angebote waren jedoch Rollen, in denen du nackt auftreten solltest. Du hast abgelehnt, oft auf brutale Weise. Manchmal hast du versucht zu verhandeln, dass die Szenen, die dich störten, gestrichen werden. Jedes Mal hast du den Kampf verloren. Die Rollen wurden anderen angeboten. Immer seltener verstopften Drehbücher deinen Briefkasten, man dachte nicht mehr an dich für Hauptrollen. Für Nebenrollen auch nicht. Angezogen warst du nicht mehr interessant.

Wegen des Streits mit Papa willst du einige Jahre lang nicht zu uns kommen. Ich sehe dich nur bei meinem Onkel und meiner Tante. Bei den Georges, wie man sie nennt, fühlst du dich wohl. Du wirst verwöhnt, umsorgt, geliebt, gefeiert – egal was du tust, egal was du sagst. Unser Onkel ist der einzige echte Bruder meines Vaters unter den sieben Geschwistern. Mit ihm hatte er, ohne es zu wissen, lange mit demselben Vater zusammengelebt, ihm ist er vom Alter her am nächsten, mit ihm hat er den Fall der Familie erlebt, die Geldnöte, den sozialen Abstieg, die Erniedrigung, den Alkoholismus und die Tode. Die Georges sind die Einzigen, die wir regelmäßig sehen. Bei ihnen zu sein ist für mich ein Fest. Ich finde seit meiner Kindheit hier, in ihrer Wohnung in der Nähe der Porte d'Orléans, beim Friedhof Montrouge, eine Fröhlichkeit und Leichtigkeit, die bei uns fehlt. In der Avenue Ernest-Reyer können wir Kinoklassiker schauen und über einen schlechten Film oder eine groteske Serie lachen. Mein Onkel hat zwei große Leidenschaften, Klassik und Fußball, und er steht zu dieser Liaison mit einer Leichtigkeit und Natürlichkeit in einer Zeit, als Sportbegeisterung im Bürgertum nicht gerade gern gesehen wurde. Im Sommer fahren die Georges in die Sonne, nach Südfrankreich, Spanien oder Italien. Sie mieten für sich und ihre drei Kinder Ferienwohnungen, die meine Eltern unter ihrem Niveau gefunden hätten. Unsere eigenen Ferien, Wildcampen in der Bretagne, sind spartanischer. Ich beneide sie. In einem Sommer nehmen sie mich mit zu einem Betonstrand bei Alicante, wo ein riesiger Hotelblock den Strand verschattet. Wir machen uns darüber lustig. Wenn diese Architektenanomalie die Sonne verschwinden lässt, ziehen wir zum überfüllten Pool in der Anlage. Mit den Georges gibt es nie Probleme, keine Reiberei kann ihnen die gute Laune verderben. Man kann einfach, so wird mir dort klar, sich an Trivialem erfreuen, zusammen gut essen, Schwachsinn erzählen, ein Eis kaufen, laut im Pool planschen, sich bis zum Exzess sonnen. Abends, nach dem Essen, gehen wir in den Straßen bummeln, wo fliegende Händler Bonbons und Nippes verkaufen. Ich entdecke, dass es Orte gibt, an denen man nachts draußen sein kann, mit nackten Armen und Beinen. Es sind für mich unvergessliche Ferien. Ich liebe meinen Onkel und seine Art, sich das Leben einfach zu machen, die Großzügigkeit meiner Tante, die ihre Zeit am Herd verbringt, leckere Gerichte zubereitet, meine drei Cousins, die dem Anschein nach einfach fröhlicher leben als wir. Die Wochenenden verbringe ich oft bei ihnen in Paris. Ich schlafe auf der Wohnzimmercouch, wir schauen Filme auf Videokassetten, diskutieren, hören Fußballübertragungen im Radio. Meine Tante kocht meine Lieblingsgerichte, Lasagnen und zum Nachtisch Île flottante. Ich bin es nicht gewöhnt, so viel zu essen, Sonntagabend komme ich nach Hause und mir ist schlecht.

Ich bin auch gern in der Avenue Ernest-Reyer, denn dort sehe ich Maria. Meine Tante bietet mir an, immer zu kommen, wenn sie zu Besuch ist. Oft begleitet mich meine Mutter. Maria spritzt sich nicht mehr Heroin, sie kifft die ganze Zeit. Alle in der Familie scheinen zu meinen, dass das nicht schlimm sei. Es heißt,

»Maria ist nicht mehr drogenabhängig«. Ich komme in die Pubertät und finde eine andere Maria vor. Ruhiger, ohne Geschrei, ohne Exzesse. Wir schauen zusammen Fernsehen, Filme oder Fernsehshows am Samstagabend. Jedes Jahr treffen wir uns bei den Georges, um die César-Verleihung mitzuverfolgen. Die Abende haben etwas Sanftes, vernebelt von Marihuana, mit komischen Momenten, auch traurigen. Maria ist zu uns zurückgekommen, aber sie ist nicht mehr die Gleiche. Das Heroin hat tiefe Spuren auf ihrer Haut hinterlassen, wie Aknenarben, die nie mehr verblassen werden, sie hat Zähne verloren und ihr Haar ist stumpf geworden. Ihre Rundungen sind weg, stattdessen zeigen sich Spitzen und Ecken in ihren viel zu großen Jeans. Sogar ihr Mund, der zur Zeit des *Tango* so sinnlich war, scheint geschrumpft zu sein. Auf ihrem Gesicht liegt für meinen Geschmack zu oft ein Hauch von Bitterkeit. Maria hat sich ihren Humor bewahrt, aber sie macht sich inzwischen über andere lustig, über die Schauspielerinnen, die wir auf dem kleinen Bildschirm sehen, sie schwört, sie haben sich »die Fresse neu machen lassen«, sie lacht über die affigen Gesten, die Allüren der Stars, die einst ihre Freundinnen waren und sich nicht mehr bei ihr melden, seit ihr Name nicht mehr ganz oben auf den Filmplakaten auftaucht. Maria ist nicht mehr präsent im Kino. Sie spricht es nicht aus und wir tun so, als wüssten wir es nicht, aber es ist ihr nicht entgangen, dass es für sie keine Zukunft mehr gibt. Maria erzählt von der Vergangenheit, von Rollen, die man ihr weggenommen hat, die sie verloren hat, die sie abgelehnt hat, weil man sie nackt wollte. Maria erzählt von den Filmen, die sie hätte drehen können, wenn sie gewollt hätte. Von dem Film *Ein mörderischer Sommer*, ein ungemeiner Erfolg, den sie angeblich abgelehnt hat und in dem letztlich Isabelle Adjani die Hauptrolle spielt. Der Beweis dafür, dass man sie wollte, sei, dass Adjani sich habe Locken machen lassen, um so auszusehen wie sie. Von Luis Buñuels *Dieses obskure Objekt der Begierde*, für den er zwei Schauspielerinnen aussuchte, Carole Bouquet und Angela Molina, um die Rolle zu spielen, die sie eigentlich allein verkörpern sollte. Sie ist stolz darauf, sagt es immer wieder: Es habe zwei gebraucht, um sie zu ersetzen! Sie erzählt lieber nicht davon, dass sie nach vier Tagen vom Dreh weggeschickt wurde, weil sie unter Drogen stand und man mit ihr nicht arbeiten konnte.

Wenn sie ihre Vergangenheit nicht umschreibt, spricht Maria von ihrem jetzigen Leben, den Banalitäten des Alltags, ihren finanziellen Problemen, ihren Augen, die schlechter werden, den Zahnarztkosten, der Wohnung bei Palais-Royal, die definitiv zu klein ist. Manchmal ist da ein Schimmer ihres früheren Ruhms, eine Erinnerung, die ihre Augen leuchten lassen, ein Lachen aus vollem Hals, ein Hauch an Parfüm, das aus ihren Haaren strömt. Wegen solcher Momente bereue ich es nie, mit ihr auf dem Wohnzimmersofa in der Avenue Ernest-Reyer gesessen zu haben.

Die Regisseure kehren dir den Rücken zu, aber für die Presse bleibst du ein Thema. Am 9. Juni 1978 widmet *Paris Match* vier Seiten Maria, »dem verlorenen Kind des Kinos«. Ein Foto zeigt dich mit zerzausten Haaren, im Hintergrund ein ungepflegter Garten. Du trägst ein Hemdkleid, an dem eine Sicherheitsnadel einen fehlenden Knopf ersetzt. Deine Hände halten sich aneinander fest, du wirkst angespannt vor einem Fotografen, der dich um ein Lächeln bittet. Unter dem Bild hat eine unbekannte Hand getippt: »Eine der besten Schauspielerinnen ihrer Generation hat sich ein Leben als Wilde ausgesucht, weit weg von allem, mitten im Wald, 500 Kilometer von Stockholm entfernt.« Nicht gerade glamourös. Und übrigens erscheinst nicht du auf der Titelseite, sondern Isabelle Huppert, die gerade *Violette Nozière* gedreht hat. Die Schauspielerin strahlt, ihre Haare haben die Farbe des Sonnenuntergangs, ihr Gesicht ist voller Sommersprossen wie das einer frischen Jugendlichen. Huppert ist die Inkarnation einer Zeit, die die vergangenen Exzesse vergessen will, zartes Puppengesicht ohne Unebenheiten, schmale Taille, Französin, so sehr Französin. Ein junges Mädchen, mit dem sich alle identifizieren können und die keine Ängste bei Schwiegermüttern weckt. »Isabelle Huppert triumphiert in Cannes«, titelt das Magazin. Im Blatt wird sie als »Antistar« präsentiert. Sie posiert beim Eisschlecken mit unschuldiger Miene oder hält sich die Haare hoch und schwenkt die Hüften, suggestive und sexy Posen, aber sie ist von Kopf bis zu den Füßen angezogen, mit einem Schal um den Hals. »Isabelle liebt Parks, öffentliche Gärten und die kleinen besonderen, dorfähnlichen Straßen in Paris«, so informiert der Artikel. Kein Skandal mit dieser Generation, kein Drama, keine Drogen, kein plötzlicher Tod.

Am Ende der 70er-Jahre sehnt man sich nach den Jahren des Ausschweifens nach Ruhe und Rückkehr zu moralischen Werten. *Paris Match* übernimmt das Wieder-auf-Spur-Bringen: Die Ausgabe beginnt mit fünf Seiten, die den »rauchenden Kindern« gewidmet ist. »Unsere Kinder beginnen mit elf Jahren«, regt sich der Journalist auf. »Angesichts des Tabakkonsums zeigen viele Lehrer Schwäche«, bemängelt er. Als ich den Artikel lese, kommt mir ein Foto von mir, das meine Eltern gemacht haben, in den Sinn. Ich muss etwa vier Jahre alt gewesen sein, kaum älter, ein schräg geschnittener Pony versperrt meine Stirn. Ich bin im Garten unseres Landhauses, trage ein langes, apfelgrünes Nachthemd, auf dem steht: »Still, ich schlafe«. Ich schlafe überhaupt nicht, meine rechte Hand hält eine angezündete Zigarette zwischen meine Kinderlippen, meine linke einen sauren Bonbon.

1978 findet die Fußballweltmeisterschaft in Argentinien statt, in einem Land, das von einer grausamen Militärdiktatur unterjocht wird. *Paris Match* schickt den Schriftsteller und Journalisten Jean Cau auf die Reise, der »ins Intime des Teams vordringen« will. »Die Spieler sind gespalten«, schreibt der Reporter. Dem Nationalspieler Dominique Rocheteau scheint nicht wohl zu sein: »Wir sind Komplizen des argentinischen Regimes«, wirft er nachdenklich ein, während der Mannschaftsmasseur ihm die Rückenmuskeln lockert. Michel Platini sieht nicht, wo das Problem sein soll: »Hier ist es nicht schlimmer als anderswo.« Bei uns wird diese WM auf keinen Fall geschaut. »Boykott Argentinien« verkündet ein großes Plakat an einer Wand im Wohnzimmer, auf dem ein Ball zwischen Stacheldraht steckt.

Seit vier Jahren ist Valéry Giscard d'Estaing an der Macht. Die Zeitschrift versäumt es nicht, das Ereignis zu feiern. Eine Reihe Fotos zeigt ihn sehr vorteilhaft, Giscard beim Empfang im Weißen Haus mit Jimmy Carter, Giscard bei der Begrüßung von Jackie Kennedy in der Concorde, Giscard im Gespräch mit dem amerikanischen Schauspieler Paul Newman. Giscard, der moderne Präsident, der den Jugendlichen das Wahlrecht mit achtzehn Jahren ermöglicht hat und den Frauen die Selbstbestimmung über ihren eigenen Körper, er sieht gut aus. *Paris Match* tut so, als ob der Machtverschleiß ihn noch nicht erreicht hätte, als ob die Stunde der Enttäuschung noch nicht gekommen wäre. Die offizielle Propaganda zeigt sich im Titel, der über den Fotos prangt: »Giscard Überschall: vom Weißen Haus bis ins ländlichste Frankreich«. Den Jahrestag seiner Wahl feiert der Präsident tatsächlich in einem Dorf in der Haute-Savoie, das 1974 mit 92 Prozent für ihn gestimmt hat. »Giscard hat die vier Kerzen vor dem Herrn Pastor, der Lehrerin, der ältesten Bewohnerin und den anderen ausgeblasen«, kommentiert pathetisch die Wochenzeitschrift. Einige Seiten weiter, in der Klatschspalte, erfährt man, dass sein Sohn Henri »den Punknachtklub Le Palace sehr nach seinem Geschmack findet, je wilder, desto besser«. Was für eine wunderbare Familie, diese Giscard d'Estaings, Verteidiger des ewigen Frankreichs, des Ländlichen, des Pastors und der Lehrerin, und dabei ultrazeitgemäß!

Die vier Seiten, die *Paris Match* dir widmet, sind in Schwarz-Weiß, wie um dein tragisches Schicksal zu unterstreichen. Die neue Zeit hat gewählt, die neuen weiblichen Stars, ruhiger, sanft und stabil, werden sich an die Spur halten. Der Artikel über dich soll daran erinnern, dass alles seinen Preis hat, dass die sexuelle Freiheit zu Zerstörung und Verzweiflung führt. Zehn Jahre nach der Revolte ist klar: Mai '68 hat mehr Schaden angerichtet als Gutes getan. Die Leser von *Paris Match* betrachten die Fotos der verlorenen Schauspielerin und sagen sich, im Komfort ihrer Wohnungen eingerichtet, dass all das zum Glück hinter ihnen liegt.

»Revolte gegen alles: In einen nordischen Wald ist sie geflohen und versteckt sich«, so der Untertitel des Artikels. Im bürgerlichen Denken fliehen die Verdammten und verkriechen sich naturgemäß wie Tiere im Wald. Du wirst als »eine Art Brigitte Bardot in Zeiten des allgemeinen Protests« beschrieben, eine Sternschnuppe der Hippie-Jahre, logischerweise vom Leben bestraft. Kein Klischee bleibt dir erspart: »Lolita«, »rolliges Reh«, »Cover-Girl«. Du sollst dich gefälligst in der Erlösungsphase befinden: Du sprichst aus, was man von dir erwartet, seit die Drogen und der Zorn dich aus dem Rampenlicht gerissen haben. »Hier hört man nur die Vögel, denkt an nichts. Tee trinken, Obst essen. Das ist das Leben ... Ich frage mich, warum ich ihnen das alles erzähle«, sagst du, zugleich immer noch misstrauisch gegenüber dem Frage-Antwort-Spiel der Journalisten: »Ich muss mich nicht rechtfertigen. Die Leute sollen doch denken von mir, was sie wollen, dass ich völlig panne bin, drogensüchtig, eine zerzauste Junkie, verdorben. Ich pfeif drauf.« Die Reportage zeigt dich in Begleitung einer »Freundin«, Topmodel, Ex-Frau des Trompeters Quincy Jones. Sie trägt einen langen Rock, ihre Erscheinung ist elegant und angenehm. Sie steht aufrecht, neben einer Chaiselongue in diesem verwilderten Garten. Sie macht ein Foto von dir. Deine Arme sind verschränkt, wie ein Schild, das deinen Körper vor zu viel Begierde schützt. Vielleicht ist dir nur einfach kalt oder du versuchst, das Zittern zu verbergen, das dich immer öfter durchfährt. Zwei weitere Fotos bebildern den Artikel. Auf dem ersten bist du drei Jahre alt, du lächelst, eingemummelt in einen Dufflecoat, der dir ein bisschen zu groß ist. Du hältst die Hand deiner Mutter, die im Pelzmantel ist, ihre Haare sind gebleicht. Auf dem Bild direkt darunter bist du hinter den Gittern eines Gefängnisses an der Seite einer anderen Blonden: »1975 eingesperrt in Rom, zusammen mit einer Drogen-Freundin.« Nichts wird ausgesprochen, aber alles ist gesagt: Drogen und Bisexualität. Möge der Leser urteilen. Zum Schluss wird der Autor lyrisch und (vorgeblich?) emotional: »Es war einmal ein Kind, das zu schnell berühmt wurde. Sie wusste nicht, wie schwer die Bürde ist, wie hoch der Preis, den man zu bezahlen hat, wenn man mit dem eigenen Körper fasziniert, mit Gesten, wenn Millionen Blicke auf einen gerichtet sind. Wem kann man das erklären? Nur die Bäume hören zu. Und heilen.«

Die anderen Schauspielerinnen verstecken sich nicht im Wald. Sie sind auf dem Festival in Cannes, wo sie für dieselbe Ausgabe im Badeanzug am Strand oder in Abendrobe posen, schick, frisch und brillant. Anne

Parillaud ist siebzehn und schwingt die Hüfte vor dem Carlton, Geraldine Chaplin zieht eine Schnute, Jane Fonda trägt einen Panamahut und selbst Sylvia Kristel, bekannt geworden durch *Emmanuelle* hat ihren Platz im Heiligtum bewahrt: »Durch die Heirat mit dem englischen Schauspieler Ian McShane ist sie brav geworden«, so erklärt das Magazin. »Sie ist entflohen, um ihren Sohn Arthur, der mit seiner Großmutter in Holland lebt, zu umarmen, und bereitet sich auf den Dreh vor.« Ein Mann, ein Kind, ein neuer Film für Sylvia Kristel, die Ehre ist gerettet – und *Paris Match* erleichtert.

Ich bin zwanzig Jahre alt, eine gute Studentin, ich habe einen Freund, und die Familie erlebt eine Phase der Ruhe. Niemand ist in letzter Zeit gestorben, die Einweisungen ins Krankenhaus sind seltener geworden. Die Klinik Sainte-Anne hat wahrscheinlich unsere Telefonnummer vergessen. Ich bin Studentin an der Sciences Po, der ideale Ort, um sich ein glattes und seriöses Image anzueignen. Ich kleide mich wie die meisten Mädchen der Eliteuni, in Marineblau, Bordeauxrot und Flaschengrün, mit Rundkragen und Levi's Jeans. Die Haare binde ich mir mit einem Samtband zusammen, das ich als Meterware gekauft habe, um den Hals hänge ich mir falsche Perlenketten und an die Ohr goldplattierte Creolen. Ich trage Lackballerinas, kaufe mir einen Schal im Schottenmuster in einer sündhaft teuren Boutique auf dem Boulevard Raspail. Als Vorbild dienen mir Studentinnen aus Familien des gehobenen Bürgertums, die in Bezirken wohnen, die ich kaum kenne, dem sechsten, dem achten, dem sechzehnten, dem siebzehnten Arrondissement. Junge Mädchen, deren Väter leitende Angestellte in der Industrie sind, die zu Autorennen gehen und in die Messe. Ich versuche, Kontakt zu denjenigen aufzunehmen, die mich misstrauisch anschauen, wenn ich sage, dass ich nicht getauft bin, die sich nicht trauen, mich nach meiner Herkunft zu fragen, denn das wäre unschicklich, aber die sich insgeheim über meine Hautfarbe unterhalten und darüber, warum meine Haare so besonders dunkelbraun sind.

Zu jener Zeit können wir beeindrucken. Mein Vater wurde auf eine Prestigestelle im Kulturministerium

berufen, sein Büro befindet sich in einem herrschaft-
lichen Stadthaus, wie es die Republik einigen Staats-
dienern zur Verfügung stellt. Er besitzt einen Wagen
mit Chauffeur und holt mich oft von der Uni ab. Ich
bewundere ihn über alle Maßen. Er hat bereits Bücher
geschrieben, einige meiner Kommilitonen haben sie
gelesen und sind voll des Lobes über sein Wissen. Ich
wohnte damals in einem kleinen Zimmer in der Avenue
Bosquet, in einem traurigen Viertel, das ich als eine un-
verzichtbare Verankerung in der spießigen Bourgeoisie
empfand, zu der ich so gern gehören wollte. Niemand
kann auf diese Weise erahnen, woher man kommt. Ich
spreche nie über Maria, die Drogen, den Alkohol, den
Zusammenbruch, den Wahnsinn, der unsere Familie
auseinanderreißt. Ich höre zu, beobachte, lerne. Ich
sauge alles auf wie Löschpapier. Zusätzlich zu meinen
Seminaren präge ich mir systematisch und hartnäckig
Vokabeln, Ausdrucksweisen und soziale Gepflogenhei-
ten ein. Meine Kommilitoninnen sind meist blond und
wohnen in großen Wohnungen. Sie tragen Haarreifen
und Goldschmuck. Sie gehen mit Jungen aus, die perfekt zu ihnen passen. Sie spielen Tennis und segeln. Bei
einigen glänzen Siegelringe mit Wappen an ihren zarten
Fingern. Sie verbringen die Ferien in Familienanwesen
an der baskischen Küste oder am Golf von Morbihan.
Ich imitiere ihre Art, sich die Haare zu frisieren, lasse
aus meinen langen Haaren einen Bob machen, wie es
sich damals gehörte in der Rue Saint-Guillaume. Meine
Mutter beobachtet meine Metamorphose mit einer
Art Unverständnis. Sie selbst hat auch seit Langem die
Hippie-Klamotten abgelegt, aber die plötzliche Leiden-

schaft für Haarreifen irritiert sie. Mit ihrer sanften Art sagt sie lediglich: »Das ist nicht mein Geschmack, aber dir steht alles.«

Manchmal gerät ein Sandkörnchen in dieses sterile Universum. Wir sitzen im Hörsaal und folgen andächtig der Vorlesung eines Professors, dessen Renommee jegliche Störung verbietet. Ein Freund flüstert mir ins Ohr, dass er vor einigen Tagen ein Gespräch zwischen zwei Studenten belauscht habe. Einer habe mich hübsch gefunden, der andere aber meinte, ich sei für seinen Geschmack »zu dunkelhäutig«. Allein diese Worte hier zu erwähnen, bringt mich immer noch aus der Fassung.

Mein damaliger Freund sieht nicht gerade aus, als würde er zu dem Stamm gehören, von dem ich angenommen werden will. Er ist Jude, trägt lange Haare, die er im Nacken zusammenbindet, er kommt aus der Vorstadt, er ist klug, sehr links und militant. Seine Familie, seine Geschichte, sein Werdegang haben nichts mit meinem zu tun, aber wir finden gemeinsam Zuflucht in unseren Unterschieden. Unsere Beziehung ist inspirierend und fröhlich. Wir bereiten uns zusammen auf die Prüfungen vor, wir kuscheln uns eng aneinander in dem Bett in meinem kleinen Zimmer unter dem Dach, wir reden über Politik, lachen viel, ziehen los, um gemeinsam Orte zu entdecken, die wir nicht kennen. Er nimmt mich für ein langes Wochenende nach Madrid mit. Ich kenne von Spanien nur die Costa Brava, wo ich diese wunderschönen Ferien mit den Georges verbracht habe. Wir besichtigen den Prado, gehen zu einer Corrida. Ich mag den Anblick von Blut und die Brutalität nicht, mit der der Stier angreift, das makabre Ballett, die Lanzenstiche der Torreros in die dicke Haut des Tieres. Meinem Freund sage ich nichts davon, die Tickets haben viel Geld gekostet für Studenten wie uns, selbst auf den billigen Plätzen, ganz oben in der Arena. Ich konzentriere mich auf die Farben und Kostüme, die Seide, die kunstvollen Stickereien, die aufblitzenden Spiegelungen und das Glitzern der Steine, die schwarzen, indienrosa oder safrangelben Stoffe, die grazilen Bewegungen des Tuches.

Am Abend essen wir in irgendeinem einfachen Restaurant in der Innenstadt. Wir bestellen zwei Paellas und einen kleinen Krug Rotwein, wir wollen es uns gut gehen lassen. Wir trinken genüsslich unseren Wein, als mein Blick auf einen jungen, unruhigen Mann fällt. Angst überkommt mich. Mehr noch, eine regelrechte Panik, irrational und nicht zu kontrollieren. Der Junge steht ohne Zweifel unter Drogen. Ich beobachte ihn, wie er mit seinen Freunden immer wieder auf der Toilette verschwindet. Wir sind in einem Drogenviertel gelandet, ich flüstere es meinem Freund zu, der lacht, als er mich so aufgelöst sieht. Mein Rücken wird kalt, mein Kleid ist nass vor Schweiß, vor meinen Augen verschwimmt alles, mir wird schwindlig. Meine Angst ist so stark, dass mein Freund mir vorschlägt, ins Hotel zurückzugehen. Wir lassen ein paar Scheine auf dem Tisch zurück und kaum angerührte Teller. Die nächsten Tage bin ich in Alarmbereitschaft, beobachte misstrauisch jeden Passanten, meide öffentliche Toiletten, um nicht auf einen Junkie zu stoßen, der sich gerade spritzt. Nie wieder bin ich nach Madrid gefahren, in diese Stadt, wo du, Maria, mich eingeholt hast, mit deiner Spritze, deinem Löffel und deinem Feuerzeug, mit deinem Gift, das unseres geworden ist. Auch wenn wir Freunde geblieben sind, hat mein damaliger Liebhaber nie über den Schrecken gesprochen, der mich ergriffen hat und uns die Reise fast verdorben hätte. Vielleicht hat er dieses übertriebene Verhalten meinen Marotten zugeschrieben. Wahrscheinlich erinnert er sich gar nicht mehr daran.

Ich muss sechs oder sieben Jahre alt gewesen sein, wir wohnten noch in dem Neubaublock im 13. Arrondissement in Paris. Mein Zimmer ist das hinterste, das größte. Ich schlafe auf einem Bett mit blauen Metallstangen, ein breiter Plastikschreibtisch in der gleichen Farbe steht am Fenster. Rechts ein aufgestelltes Zelt. Darin habe ich eine Lampe, meine Puppen, eine Holzwiege, Puppengeschirr. Hier verbringe ich Stunden damit, mir Geschichten über eine imaginäre Familie zu erzählen. Manchmal darf mein Bruder mitspielen. Ein riesiger, von Berberfrauen geknüpfter Wandteppich hängt an der Wand. Jeden Abend stopfe ich eine Unmenge an Kuscheltieren in mein Bett, sodass kaum noch Platz für meinen kleinen Körper bleibt. Ich weiß nicht, was mich in jener Nacht aufweckte. Ein Schrei, ein Schreckmoment, das Knacksen der Schallplatte, als der Tonabnehmer am Ende der Scheibe angelangt ist. Ich stehe auf Zehenspitzen auf. Ich erinnere mich schwach, dass du da bist, Maria. Kurz vor dem Abendessen bist du gekommen. Ein orangefarbener Lampenschirm wirft Licht auf den Flur. Mama lässt es die ganze Nacht an. Bei uns dürfen Kinder Angst vor der Dunkelheit haben. Ein weiteres Licht kommt aus dem Wohnzimmer. Ich schaue Richtung Schlafzimmer, die Tür ist zu, die Eltern schlafen wohl. Es muss sehr spät sein, nur in ein oder zwei Fenstern in den benachbarten Häusern brennt noch Licht. Ich gehe zu der Glastür des Wohnzimmers, ganz schlaftrunken. Durch das geriffelte Glas sehe ich deine vornübergebeugte Gestalt. Ich öffne die Tür einen Spalt, ich weiß nicht, warum ich das tue, aber ich öffne die Tür einen Spalt weit. Vielleicht um mich zu vergewissern, dass alles in Ordnung ist. Ich sehe den Stoffstreifen, mit dem du deinen Arm abgebunden hast und wie du konzentriert auf die Nadel blickst, die in deine Vene eindringt. Dein Kopf fällt zur Seite. Du hast kaum die Kraft, die blutverschmierte Spritze herauszuziehen.

Dank dir, Maria, bin ich ein Radar für Junkies geworden. Ich erkenne sie zehn Meilen gegen den Wind, an ihrem verrückten Blick, an ihren Armen, die sie sich wie besessen kratzen, wenn ihnen plötzlich Stoff fehlt. Mich macht es nervös, sobald jemand sich zu lange auf der Toilette eines Cafés einsperrt, ich blicke weg, wenn ich eine Nadel sehe, ich lasse mir so wenig wie möglich Blut abnehmen, all das deutet auf ein Trauma, dem ich nur entgehen kann, indem ich die Augen schließe. Nicht eine einzige Geste der Dealer entgeht mir, weder das falsche Handdrücken, um eine Dosis zu überreichen, noch der beschleunigte Schritt, nachdem der Austausch vonstattengegangen ist. Ich übersehe weder zurückgelassene Spritzen noch in den Rinnsteinen zurückgelassene Stoffstreifen, schmutzige Löffel oder verkrustete Bällchen aus Aluminium. Drogen ziehen mich an wie ein wilder, mächtiger Magnet.

Eines Winterabends, es ist noch früh, vielleicht 18 Uhr, aber schon dunkel, steht ein junger Mann vor mir in einer Schlange vor einem Kino im Quartier Latin. Ich bin sechzehn oder siebzehn, er einige Jahre älter. Er ist in Begleitung seiner Eltern, die angespannt und erschöpft auf ihn aufpassen. Sie sehen schon alt aus, viel älter als meine. Ich weiß nichts von ihnen, aber ich lese auf ihren Gesichtern die unermessliche Angst schlafloser Nächte und jahrelanger Qualen. Der Junge kann nicht still stehen, sein Teint ist gelblich, seine Zähne sind schon schlecht, er wird zunehmend unruhig. Plötzlich sagt er, dass er nicht dableiben und warten könne. Er kann einfach nicht. Er müsse los, jetzt, sofort. Der

Vater hält ihn am Arm fest, fleht ihn an, nicht zu gehen, nicht diesen Moment »als Familie« zu zerstören, bittet ihn, es noch einen Moment lang zu versuchen. In seiner Stimme klingt schon das Scheitern an, das Leidsein einer Szene, die er schon tausendmal erlebt hat, der Kampf, der schon vorab verloren ist. Er umarmt den dürren Körper seines Sohnes, umso fester, da vorhersehbar ist, dass er aufgeben wird. Ich ahne, was sie hierhergeführt hat. Zusammen am Sonntagnachmittag einen alten Schwarz-Weiß-Film im Kino Action Christine anschauen, ist es nicht das, was kultivierte Familien in diesem Viertel tun? Den Weg von der Wohnung zum Kinosaal sind sie schon Dutzende Male mit ihm gegangen, als er noch kleiner war. Alle drei gingen sie damals fröhlich und plaudernd heim, tauschten ihre Eindrücke vom Film aus, beeilten sich, zu Hause zu sein und die Reste vom Wochenende aufzuessen, bevor sie schlafen gingen. Dieses Ritual wieder aufleben zu lassen, schien ihnen eine gute Idee. Das würde ihm sicherlich guttun, ihm helfen, an etwas anderes zu denken, ihn daran erinnern, dass das Leben einfach und angenehm sein kann, ihn für einen Augenblick das Leiden vergessen lassen, das er sich selbst zufügt und das sie alle zerfrisst. Aber es ist nicht mehr die Zeit für gemeinsames Ausgehen als Familie.

Plötzlich kommt Bewegung in die Szenerie. Der junge Mann versucht, sich der verzweifelten Umarmung des Vaters zu entreißen. Er bittet um Geld, er hält es nicht mehr aus, er sagt: »Ich schwöre euch, ich krepiere sonst, ich halte es nicht mehr aus.« Vater und Mutter suchen in den Augen des anderen nach einer

Lösung, die es nicht gibt. Der Junge bettelt wieder um Geld. Er wühlt in den Hosentaschen des Vaters, der beschämt um sich schaut. Reglos überlässt er dem Sohn das Portemonnaie und lässt ihn einige Scheine herausnehmen, er sieht, wie er fortgeht, an der Ecke abbiegt, sicheren Schrittes wie einer, der weiß, wo er an seine Dosis kommt. Die Mutter schiebt ihren Arm unter den ihres Ehemanns und schmiegt sich an seinen schwarzen Mantel. Sie spricht leise mit ihm, flüstert, dass sie nichts hätten machen können, dass sie sich nichts vorzuwerfen hätten. Sie beruhigt ihn: »Er kommt wieder, er kommt immer wieder. Wir warten auf ihn.« Ich beobachte sie, eng umschlungen im Unglück und in der Kälte, und denke: »Ja, ihr werdet auf ihn warten.« So wie wir auf Maria gewartet haben.

In ein paar Tagen werde ich zwölf. Es ist das Jahr 1981, ein besonderes Jahr bei uns, wie bei vielen anderen Franzosen auch. Die Linke steht kurz davor, an die Macht zu gelangen. Bei uns zu Hause häufen sich die politischen Versammlungen. Papa hat die linksextreme Organisation, der er angehörte, verlassen, aber er glaubt weiterhin an die Revolution. Fünf Jahre zuvor hatte ich ihn zum ersten Mal weinen sehen. Ich kam aus der Schule zurück, er saß niedergeschlagen auf einem Hocker in der Küche. Tränen liefen ihm über die Wangen. So hatte ich ihn noch nie gesehen, meinen Papa, der mir damals so stark erschien, der diese Familie aus Verrückten ganz allein trug. Den alle anriefen, wenn es ein Problem gab, wenn meine Großmutter wieder Unfug im Altersheim anstellte, als sein Bruder sich umgebracht hatte, wenn seine Schwester unglücklich war. Ich stammelte nur: »Was ist denn los?« »Mao ist tot.« In meiner Erinnerung litt ich mit ihm. Der »Große Steuermann« war unser Vorbild, der Großvater, den ich nie hatte. Ausgaben des *Kleinen Roten Buches* waren überall in der Wohnung verteilt, Plakate, auf denen er stolz und würdig sein Volk führte, hingen an den Wänden unseres Landhauses, einige meiner Kinderbücher handelten von seiner wundersamen Geschichte. Er hatte sein Land befreit und war bereit, das Gleiche für alle Unterdrückten auf dem Erdball zu tun. Natürlich hatte mein Vater in den letzten Jahren verstanden, dass die Erzählung, die er mithalf zu verbreiten, nicht ganz der Wirklichkeit entsprach. Aber dass Mao tot war, überstieg schlichtweg alles, eine Seite wurde umgeblättert, einer aus der Familie ging fort. Nichts würde mehr sein wie früher.

Zusammen mit einigen Freunden bereitet mein Vater zu Beginn dieser 8oer-Jahre auf seine eigene Art die Machtübergabe an François Mitterrand vor. Mitterrand ist nicht gerade sein Geschmack, er sei »rechts«, heißt es bei uns. Er sei nicht aufseiten der Arbeiter, er wolle die bestehende Ordnung erhalten. Mama erklärt uns das Pseudo-Attentat auf Mitterrand in der Avenue de l'Observatoire im Jahr 1959, das er selbst geplant haben soll, sie hat vor, den Humoristen Coluche zu wählen, der seine Kandidatur bekannt gegeben hat. Papa will davon nichts hören, er findet das »total bekloppt«. Mein Bruder und ich erleben ihren heftigsten Streit. Mein Vater meint, alles werde möglich, wenn die Linke erst an der Macht sei, vorausgesetzt, die Revolutionäre schafften es, sich einzuschleusen. Er arbeitet mit seinen Gewerkschaftsfreunden auf Hochtouren und hat eine erste Fachgruppe im Finanzministerium gegründet. Sie visionieren eine neue Wirtschaftsform, in der man Autos baut und elektrische Haushaltsgeräte produziert, die Jahrzehnte halten, in der Profit und Rentabilität nicht mehr das Ziel sind, in der die Marktwirtschaft von einem gerechteren, solidarischen System abgelöst wird und das Management den Arbeitern in den Fabriken anvertraut wird, wo gleicher Lohn für alle gilt.

Am Abend des Wahlsiegs sitzen ein Dutzend Menschen in Ethnoblusen auf den mit indischen Tüchern bedeckten Bänken bei uns zu Hause. Die Männer tragen Bärte und lange Haare, die Frauen Unmengen an Schmuck. Auf dem niedrigen Tisch stehen Gläser und kleine Speisen. Mama hat einen Kuchen gebacken, für den Fall, wie für einen Geburtstag. Auf dem Boden sind afrikanische Trommeln, Flöten aus Lateinamerika, Saiteninstrumente, deren Namen ich nicht kenne, aber mit denen ich gern spiele. Mein Bruder und ich sind die einzigen Kinder an dem Abend. Meine Mutter, die sonst absolut unnachgiebig an den Schlafenszeiten festhält, hat für diesen historischen Moment eine Ausnahme gemacht. Wir, in unseren selbst gestrickten Pullovern und mit den wilden, langen Haaren, können es gar nicht fassen, dass wir dabei sein dürfen. Die Erwachsenen trinken Wein und drehen sich Joints, während sie auf die Ergebnisse warten. Es ist endlich 20 Uhr und uns kommt es vor, als säßen wir schon seit Stunden vor dem Fernsehbildschirm. Auf einmal erscheint das Gesicht des Siegers, ein pixeliger François Mitterrand, Symbol der Linken, die an der Macht sind. Jubelschreie, Freudentränen, die Eltern liegen sich in den Armen, ein Champagnerkorken knallt in der verqualmten Luft. Wir sind nicht die Einzigen, Rufe hallen im Neubaublock, Fenster werden geöffnet, große Gesten von Leuten gemacht, die wir nicht kennen, alle sind glücklich. Auf einem Schwarz-Weiß-Foto halten unsere Hände das Victory-V hoch. Der Abend endet im Freudentaumel auf der Place de la Bastille. Ich erinnere mich an eine riesige Menschenmasse, Musik, Gesang, Knaller, die ganz nah bei uns abgeschossen werden und die mir Angst machen, an Papa, wie er uns abwechselnd auf seinen Schultern trägt, damit wir etwas sehen können, selbst wenn es nicht viel zu sehen gibt. Ich erinnere mich an eine kurze, euphorische Nacht.

Der nächste Morgen in der Schule gestaltet sich schwieriger. Meine beste Freundin Sophie springt mir vor Freude um den Hals, ihre Eltern sind Aktivisten der Sozialistischen Partei und haben deren gesamte Kampagne unterstützt, aber wir sind im gleichen Lager, im Lager der Gewinner. Vor den anderen in der Klasse halten wir uns zurück. Auf dem Pausenhof setzen sie enttäuschte Gesichter auf, einige sprechen von den »Roten«, die allen Besitz beschlagnehmen werden, andere erzählen, dass ihre Familien Visa für die Vereinigten Staaten und Kanada beantragt haben. Ich verstehe nicht, wovon sie reden. Mir ist bis dahin nicht klar gewesen, dass nicht alle diese Aufbruchstimmung im Land und dieses Gefühl einer neuen, verheißungsvollen Ära teilen.

Auch Papa ist desillusioniert. Nach dem Sieg des neuen Präsidenten hat er die seltsame Idee, mit ein paar Freunden den Leiter der Abteilung Konjunkturprognosen, an die er angeschlossen ist, zu entführen. Er sei ein »Dreckskerl« im Dienste Giscards. Monatelang mussten sie ihm katastrophale Wirtschaftsprognosen für den Fall einer linken Regierungsübernahme liefern, über die die Zeitungen dann berichteten. Papa kennt jemanden im Élysée-Palast, das trifft sich gut. Jean-Louis Bianco, mit dem er zusammen an der ENA promovierte, wurde zum Generalsekretär des Präsidenten ernannt. Er ruft ihn an, um ihn in Kenntnis der Aktion zu setzen: »Wir haben ihn. Wir haben das Ministerium übernommen.« Am anderen Ende der Leitung überkommt Bianco die blanke Wut: »Bist du komplett durchgedreht? Wir sind an der

Macht, wir haben eine historische Verantwortung, die ganze Welt schaut auf uns! Hört sofort auf damit!« Der Abteilungsleiter wird freigelassen, Papa kommt nach Hause. Er wird nie wieder von Revolution sprechen.

Dir ist die Wahl von François Mitterrand komplett egal. Und gewählt hast du ihn wahrscheinlich auch nicht. Für die Öffentlichkeit bist du die Verkörperung des Regelverstoßes, der Exzesse und der ausschweifenden Freiheit. Dabei bist du eigentlich das Gegenteil davon. Wie so viele, die mit schwammigen Regeln aufgewachsen sind, bist du eine erbitterte Verteidigerin der bestehenden Ordnung. Du beklagst die schmutzigen Straßen, magst die Studentendemonstrationen nicht, verteidigst die Arbeit der Polizei, findest, dass früher alles besser war, forderst die strikte Einhaltung der Gesetze. 1968 hast du auf den Champs-Élysées gegen das linke »Pack« protestiert und General de Gaulle unterstützt. Der Einfluss meiner Eltern, mit denen du damals zusammenlebtest, war so gesehen total gescheitert. Später hast du Lobreden auf den Bürgermeister von Paris, Jacques Chirac, gehalten. Es stimmt, dass er die kleine Wohnung beim Palais-Royal für dich fand, als du gar nichts mehr hattest. Wenn wir bei dir zum Essen eingeladen waren, vermieden wir es, über Politik zu reden. Nach der Drogenphase wurdest du immer unnachgiebiger. Niemand urteilte strenger als du über Süchte, denen deiner Meinung nach andere verfielen. Für dich nahmst du immer noch in Anspruch, der Generation »Rock 'n' Roll« anzugehören, aber es gab Themen, da hast du keinen Spaß verstanden.

Wir hatten nichts mehr zu sagen. Wir haben dich nicht gerettet, Maria. Niemand von denen, die dich hätten beschützen und auf dich aufpassen sollen, war dazu in der Lage. Weder deine Eltern noch meine, auch nicht die anderen meiner Tanten und Onkel. Nichts, was wir taten, funktionierte, weder Zuneigung noch ein Machtwort, weder Verwarnungen noch Drohungen und auch keine Zwangseinlieferungen.

Im Jahr 1980, während wir uns darauf vorbereiten, dass die Linke die Macht übernimmt, drehst du in Brüssel einige Filmszenen. Eine Gruppe Filmstudenten hat die Erlaubnis bekommen, beim Dreh dabei zu sein. Unter ihnen eine sehr junge Frau, die dich nicht aus den Augen lässt. Sie hat genauso lange, schwarze Locken wie du. Du nimmst sie auch wahr, aber du musst wieder los und Belgien für neue Abenteuer verlassen. Sie ist entschlossen und folgt dir. Sie wird bis zu deinem Tod an deiner Seite bleiben. Sehr schnell begreift sie, dass sich ihr Leben für immer verändern wird. Für dich verlässt sie ihr Land, ihre Freunde, bricht ihr Studium ab. Du befindest dich in deiner tiefsten Krise. Tag und Nacht spritzt du dich, brauchst immer mehr Stoff. Du bist in einem Wettlauf gegen das Leben und A. hat Angst, dich sterben zu sehen. Sie lässt dich nie allein, verjagt die Dealer um dich herum, hält deine Hand in den Rettungswagen, die dich zum Krankenhaus bringen, wenn du eine Überdosis genommen hast. Selbst wenn du sie abweist, sie anschreist, sie soll dich allein lassen, wenn du sie anflehst, dich einfach in Ruhe zu lassen, bleibt sie bei dir. Mit all der Energie, zu der liebende Frauen fähig sind, schmiedet sie einen Plan. Drogen sind für sie unbekanntes Terrain, schnell arbeitet sie sich ein. Sie konsultiert Ärzte und Spezialisten, erkundigt sich nach Entzugsmethoden. Sie beschließt, mit dir nach Brasilien zu fliegen, dem damals einzigen Land, in dem es dem Anschein nach unmöglich ist, an Heroin zu gelangen. Vor eurer großen Reise macht ihr Station in Belgien, wo man, anders als in Frankreich, Methadon als Drogen-ersatz kaufen kann. Ihr bleibt mehrere Wochen in Bra-silien. Ich stelle mir euch beide vor, wie A. hofft, klam-mert, an Besserung glaubt, mit der Kraft für euch beide. Wie du dich im Entzug windest vor Schmerzen, glaubst, du würdest verrecken, und dir die Haut bis aufs Blut aufkratzt. Dann kehrt nach und nach Ruhe ein, das Le-ben beginnt wieder, die kleinen Freuden kommen wie-der. Einen Sonnenuntergang anschauen, die Wärme auf dem Körper spüren, den süßen Geschmack einer safti-gen Frucht im Mund wieder neu entdecken. A. meint, du könntest zurückkehren, du hättest mit den Drogen abgeschlossen. Und außerdem bist du noch jung, du musst den Weg zurück ans Filmset finden, die Kinowelt davon überzeugen, dass man wieder auf dich zählen und mit dir große Filme drehen kann. Es wird Rückfälle geben, jeder einzelne immer noch schmerzhafter, aber deine Geschichte mit dem Heroin geht auf ein Ende zu. Die Spritze tauschst du ein gegen einen unglaublichen Haschischkonsum. Später folgen der Rotwein und der Tabak, immer wieder Zigaretten, viele Zigaretten.

Niemand wusste, dass der Faden zwischen dir und Marlon nie gerissen ist. Ihr habt euch regelmäßig geschrieben, das hast du einmal fallen gelassen, als ob es nur ein Detail wäre. Diese Wochen des Drehs und diese gemeinsam erlebte Gewalt hatten euch fürs Leben zusammengeschweißt. Der schambehaftete Brando verließ Frankreich, ohne ein Wort über diesen Film zu verlieren, der ihm sicherlich genauso Schmerzen bereitete wie dir. Jahre später sagte er öffentlich: »Nie wieder mache ich so einen Film. Zum ersten Mal in meinem Leben fühlte ich mich persönlich vergewaltigt.« Kein Wort mehr. Den Rest hat er dir erzählt, der jungen Anfängerin. Zwischen zwei Szenen kniff er dir in die Wange. »You look like my baby!« Manchmal vertraute er sich dir an. Die Dreharbeiten kamen für ihn zum ungünstigsten Moment. Obwohl er vor dem Rest des Teams nichts durchblicken ließ, durchlitt er schreckliche Angstzustände. Seine Frau Anna hatte ihren gemeinsamen Sohn Christian entführt. Jahre später sollte dieser Sohn den Drogen verfallen und makabre Bekanntheit erlangen durch die Tötung des Freundes seiner jüngeren Schwester. Von der Entführung und von seinen Eheproblemen sprach er, der unnahbare Koloss, nur mit dir. Sicher war der Schmerz zu stark, um ihn mit anderen zu teilen. Das Gefühl, von Bertolucci manipuliert worden zu sein, erlebte er genauso wie du. »Wir fühlten uns beide nicht wohl in unserer Haut, als wir den Film zum ersten Mal sahen«, erzähltest du in einem Interview mit *Paris Match* aus Anlass seines Todes 2004. »Nicht so sehr wegen der Sexszenen, sondern wegen dem, was wir dabei sagten. Bertolucci verlangte, dass wir Improvisationsarbeit leisten, und zwang uns, Erinnerungen an unsere jeweilige Kindheit zu offenbaren. Die Scham dabei war letztlich größer als bei den Nacktszenen. Marlon war darüber sehr verstört. Er hatte das Gefühl, verraten worden zu sein.«

Dreizehn Jahre lang verweigerte Brando jeglichen Kontakt mit dem italienischen Regisseur, er antwortete weder auf seine Anrufe noch auf seine Briefe. Eines Tages lud er Bertolucci zu sich nach Los Angeles ein. Die beiden Männer sprachen sich aus, dann sprachen sie über Filme.

Deine Halbschwester Fiona wird eingeliefert. Sie ist an der Reihe. Das Heroin ist überall. Daniel ist süchtig danach. Man spritzt es sich in der bürgerlichen Wohnung des großen Schauspielers. Auf einem Schwarz-Weiß-Foto, das Fiona wie eine Trophäe aufbewahrt hat, sitzt sie auf den Knien ihres Vaters. Gélin sieht gut aus, mit grauem Haar über noch dunklen Augenbrauen, gestreifter Jacke über weißem Hemd wie ein Mafiaboss. Fiona hat immer noch die runden Wangen eines Kindes. An jenem Tag greift sie nach den Sternen. Sie ist in den Kreis der heiligen Monster eingetreten. Gerade drehte sie *Le Grand Carnaval* von Alexandre Arcady an der Seite von Philippe Noiret. Die Aufnahme wurde bei einer Feier zu Ehren des Films gemacht. Vater und Tochter schauen in die Kamera. Fiona trägt ein schwarzes, durchsichtiges Bustierkleid. Unter ihren Brüsten sieht man deutlich ein weißes Rechteck. Manche meinten, sie habe vergessen, das Etikett zu entfernen. »Das war ein Heroinpäckchen«, gestand sie mir eines Tages süffisant wie ein kleines Mädchen, das nicht erwachsen werden wollte.

Wenige Jahre später ist sie also auch in Sainte-Anne. Die zuständige Krankenschwester sagt ihr: »Sie wissen, dass Sie in dem gleichen Zimmer untergebracht sind wie Ihre Schwester?«

Ich war lange Zeit Schauspielern gegenüber misstrauisch. Sie flößten mir Angst ein, mit ihrer übertriebenen Offenheit, dem hautnahen Narzissmus, der selbst auferlegten Gewalt, der Furcht vor dem Alter, den Höhen und Tiefen der Karriere. Es ist ein gnadenloses, grausames System, das einen in den Himmel hebt und genauso schnell wieder vergisst. Ständig ist man der Lust und Laune anderer ausgeliefert: des Regisseurs, des Produzenten, des Zuschauers. »Schauspieler sind verlorene Kinder«, sagte einmal meine Freundin Laura zu mir, und sie weiß, wovon sie spricht – sie hatte bereits einen César bekommen, als wir uns mit siebzehn auf dem Lycée kennenlernten. Nicole Garcia antwortete einmal auf die Frage, warum sie Schauspielerin geworden sei: »Für einen Blick, der mir fehlte.« Dir, Maria, fehlten alle Blicke, in jeglicher Hinsicht – der deines abwesenden Vaters, der deiner Mutter, die dich so wenig liebte. Du konntest nur Schauspielerin werden. Vor einigen Jahren stellte ich fest, dass viele meiner Freunde zur sogenannten »Filmwelt« gehören. Vielleicht habe ich sie mir ausgesucht, um dir näher zu sein und weil mich nichts so sehr rührt wie verlorene Kinder.

Am 3. November 1978 titelt *Paris Match* mit zehn Jahren Verspätung: »Maria Schneider hat ihren Vater wiedergefunden«. Einige Monate zuvor hatte sich das Wochenmagazin an deinem Anblick geweidet, wie du verloren, wild und unter Drogen auf dem Land in Skandinavien lebst. Dieses Mal wird auf zwei Seiten eine erfundene Versöhnung zwischen Vater und Tochter inszeniert. Du verkaufst dich immer noch. Der Aufmacher des Magazins ist dem neuen Papst gewidmet, »Johannes Paul II., seine Inthronisation, sein Familienalbum«. Die »Leute«, über die *Paris Match* diese Woche spricht, sind Sylvester Stallone, »der jeden Tag dreißig Tonnen Gusseisen hebt, um der Größte zu sein«, Gainsbourg und Birkin, Ornella Muti und Simone Veil, mit perfekt hochgesteckten Haaren und strengem Kostüm, mit dem sie den Sänger Guy Béart beglückwünscht. Außerdem gibt es eine Reportage über Patty Hearst, die Enkelin des Milliardärs, die von einer terroristischen Gruppe entführt wurde, der sie sich später anschloss. Sie hat sich wieder dem normalen Alltag angepasst und steht kurz vor der Heirat mit ihrem ehemaligen Leibwächter. Ende gut, alles gut. Zwischen einer Reklame für Betamax, dem Vorläufer der VHS-Kassette, und einer für Vittel-Wasser feiern die Modeseiten genüsslich »die Rückkehr des Beines«, der »Schlitzröcke« und der »12-Zentimeter-Absätze«. Es sei die »Wiederentdeckung der sexy Körperteile des weiblichen Körpers, nachdem sie lange Zeit in Stiefeln und unter langen Röcken versteckt waren«, freut sich der Redakteur.

Du scheinst nicht mitbekommen zu haben, dass sich die Mode geändert hat. Auf den Fotos zu dem Artikel trägst du Secondhandkleidung, ungebügelte Herrenhemden, eine nicht gerade saubere Jeansjacke, einen indischen Blumenrock, der bis über die Holzclogs fällt. Deine Haare hast du lange nicht gekämmt; auf einem der Fotos ahnt man einen misslungenen Versuch von Dreadlocks. Der Journalist irrt sich so ziemlich bei allem, wie etwa bei dem Namen deiner Mutter. Dafür greift er bei den Stilmitteln zu, »Maria kommt wieder zum Film, aber sie verkommt«. Auf der linken Seite posieren Vater und Tochter zusammen. »Das berührendste Foto des Jahres.« Daniel, der große Verführer, dichte Brauen und zurückgekämmtes Haar, das er vorteilhafterweise nicht färbt, er trägt einen dicken Wollpullover mit Rollkragen. Dieses Mal ist er es, der traurig aussieht. Er schafft es nicht, eine Komödie mit Happy End vorzutäuschen. Auf Anfrage des Wochenmagazins ist er zu Marias Dreh von *Eine Frau wie Eva* gekommen, einem Film, der schnell vergessen sein wird. Auf den ersten Blick weiß er, in welchem Zustand sie ist. Seine Finger mit der fleckigen Haut klammern sich fest an die gestreifte Jacke der Tochter, wie um zu verhindern, dass sie fortfliegt. Maria ist sechsundzwanzig Jahre alt, sie sieht zehn Jahre älter aus, das Heroingift hat sein Werk bereits getan. Ringe um die Augen und ein Blick in die Kamera, ohne diese wirklich wahrzunehmen. Auf einem anderen Foto scheint Gélin die Rolle des erfüllten Patriarchen wieder angenommen zu haben. Mit aufgeknöpftem Hemd und glattem Oberkörper umarmt er mit dem rechten Arm seine Ehefrau

(»die genauso alt ist wie Maria«, wie die Zeitschrift prä-
zisiert) und mit dem linken Arm seine älteste Tochter.
Maria schwebt. An ihrer Seite neigt Fiona den Kopf zu
ihr und zieht eine Schnute.

Jedes Mal, wenn ich versuche, nicht mehr an dich zu denken, holst du mich wieder ein. Ich habe angefangen, über uns zu schreiben, ich stocke und beginne wieder neu, wie eine verunsicherte Wanderin auf einem schroffen Weg. Umkehr unmöglich. In dem Sommer, als ich dich beiseitegelegt habe, schickt mich meine Zeitung für eine Reise nach New York. Mit dem Auftrag, die Lebensgeschichte von Patti Smith im Chelsea Hotel zu erzählen, diesem mythischen Ort, wo für sie alles begann, ihre erste große Liebe mit dem Fotografen Robert Mapplethorpe, in den frühen 70ern, als das junge Mädchen der Künstlerin Platz machte. Ich kenne das Werk von Patti Smith nicht besonders gut, nur einige Kultstücke und das großartige *Just Kids*, das von jenen Jahren handelt. Die Sängerin lehnt es ab, mit mir über das Chelsea zu sprechen, sie ist auf Tournee und erschöpft. Sie meint, in ihrem Buch alles gesagt zu haben. Da ich mit ihr kein Gespräch führen kann, durchforste ich die Dokumentation über sie. Im Zusammenhang mit einem Interview zu ihrem neuen Album *Banga* entdecke ich, dass sie einen Song für dich komponiert hat, ein zärtliches und melancholisches Abschiedsgedicht mit Gitarrenriffs, die du geliebt hättest. Das Lied heißt *Maria*, einfach *Maria*. Patti Smith hat es an dem Tag nach deinem Tod geschrieben. Kennengelernt hattet ihr euch Mitte der 70er Jahre in Kalifornien, wo du auf der Suche nach Stille, der Hitze der Wüste, der Hippie-Boheme und auch dem Schaum der Drogen warst. »Ich kannte dich, als wir jung waren, ich kannte dich und jetzt bist du fort«, singt Patti Smith eindringlich. Du bist für sie »ein zitternder Stern, süß und ohne Scham (…) am Ende der Welt, in der Wüstenhitze (…), wo du niemand warst (…), wir sahen uns roh und erregbar (…), wir wussten nichts von der Zerbrechlichkeit unserer jungen Kräfte, all der Leere (…), wildes, wildes Haar, traurige, traurige Augen, weißes Hemd und schwarzer Schlips, du warst mein«.

Ich habe dich nie von Patti Smith reden hören, ihr Name wurde in unserer Familie nie erwähnt. Vielleicht wolltest du diese Begegnung für dich bewahren, vielleicht hat sie dich als Mensch weniger geprägt als die Sängerin mit der Höhlenstimme. Das gehört zu den Geheimnissen, die du mitgenommen hast.

Das Foto ist auf den 19. Oktober 2002 datiert, den Tag der Hochzeit deiner Halbschwester Fiona. Euer Vater Daniel bleibt im Auto. Weißes Haar, passender Schal und das Lächeln des ewigen Charmeurs. Er ist gerade aus dem Krankenhaus gekommen, um seine Tochter zu verheiraten. Er ist erschöpft, einen Monat später wird er sterben. Fiona strahlt an seiner Seite in einem Kleid mit Calais-Spitze. Sie umarmt dich mit ihrem rechten Arm auf einem Pariser Bürgersteig. Du deutest ein Lächeln an. Deine Wangen sind noch rund und deine Haare lang, wie vor der Krankheit. Ich erahne in deinem Blick einen Hauch von Unruhe, du siehst aus, als ob du dich fragen würdest, was du hier sollst. Dabei weißt du es, du spielst Familie. Links von der Braut stellt sich euer Bruder auf die Zehenspitzen, um zwischen all den Frauen zu existieren. Rechts die Mutter, Sylvie Hirsch, Ex-Modell mit Rundungen, die mit den Jahren mehr geworden sind. Fionas Bräutigam ist nicht mit auf dem Foto. Er war auch nicht lange ihr Ehemann.

Du hast Fiona kurz davor zufällig am U-Bahnsteig getroffen. Seit Jahren hattet ihr euch nicht gesehen. Sie wollte unbedingt deine Telefonnummer haben und ließ dich nicht mehr los. Davon hast du mir manchmal erzählt. Sie tat dir leid. Sie sei wie du, nur schlimmer, sagtest du. Du hattest immerhin mit den größten Regisseuren gedreht, mit Filmlegenden gespielt, sie hingegen kam über Seiten im *Playboy* und die Klatschspalten nicht hinaus. Eine echte Zärtlichkeit hast du für sie empfunden. Ihr hattet denselben Vater und all die Qualen in seinem Schlepptau. Ihr hattet denselben Kino-Paten,

Alain Delon. Dir hatte er eine kleine Rolle in *Madly* besorgt; Jahre später ließ er Fiona in *Der Panther* von José Pinheiro mit auftauchen. 1985 posierte sie fast nackt in seinen Armen als Promo für den Film auf der Titelseite der *Elle*.

Fiona wandelte auf deinen Wegen und stolperte wie du über Drogen, Alkohol, Einlieferungen. Sie fand es amüsant, dass die Tragödie sich wiederholte. Sie zog sogar eine gewisse Form von Stolz daraus. Sie folgte deinen Fußstapfen. Du hingegen fandest das nicht lustig. Du warst dem entkommen, sie noch nicht.

Ich habe lange gezögert, ob ich Fiona treffen sollte. Nur einmal waren wir uns begegnet, während deiner Beerdigung. Ich wusste, dass es ihr nicht gut ging. Und wieder bringt mich der Zufall zu dir. In einem Gespräch mit ihrem Pressesprecher erfahre ich nebenbei, dass sie gerade ein Buch geschrieben hat. Du kommst darin vor. Ich schlage ihr ein Treffen vor. Ihre Wohnung liegt in einem netten Viertel im Norden von Paris, in dem junge hippe Paare in rasanter Geschwindigkeit verarmte Familien ersetzen, die aus der Hauptstadt wegziehen müssen, in dem arabische Lebensmittelhändler ihre Läden schließen und Bioläden und vegane Restaurants eröffnen, in dem sündhaft teure Buggys von Bärtigen mit überdimensionierten Brillen geschoben werden und ältere Menschen von den zu engen Bürgersteigen verdrängen.

Ihre Wohnung befindet sich im Erdgeschoss. Sie ist, so wie deine es war, vollgestopft mit zu vielen Dingen, zu vielen Möbeln, zu vielen Stoffen und Vorhängen, zu vielen Erinnerungen. Ich habe ihr Blumen mitgebracht, die sie freudig in eine Vase stellt, und Süßigkeiten, die auf den Tisch kommen. Sie bietet mir einen Tee an, eine Zigarette, ihre Stimme ist rau wie deine, wie die von Frauen, die unvernünftig viel rauchen und ganze Nächte damit verbracht haben, die Dezibel aus den Boxen der Nachtklubs zu übertönen. Sie will mir alles sagen, mir alles erzählen, die Zeit nachholen und aus diesem Wiedersehen ein Fest machen. Sie kramt Fotos von sich hervor und breitet sie auf dem Boden aus. Sie mit achtzehn, zwanzig, dreißig, vierzig, sie will mir zeigen, wie schön, wie begehrenswert und begehrt sie war. Sie findet die Titelseite des *Playboys* und die Reihe Nacktfotos, die Mireille Darc von ihr aufgenommen hat. Ich vergesse die, die sie geworden ist, die Narben der Zeit, der Exzesse auf ihrer Haut, dass ihre Erinnerung durcheinandergeraten ist. Sie lacht über die Kilos, die sie zugenommen hat, listet die Männer in ihrem Leben auf. Wie du will sie aufrecht bleiben, sie spricht von Projekten, die sicherlich nie zustande kommen werden, und kann es nicht wahrhaben, dass ihre Karriere als Schauspielerin hinter ihr liegt. Wie du verheimlicht sie nichts von ihren gesundheitlichen und finanziellen Problemen. Was wäre sie, gesteht sie, ohne ihren ehemaligen Partner, den Modeschöpfer Daniel Hechter, der ihre Miete übernimmt?

An diesem Tag ist sie sehr aufgeregt. TV1 widmet ihr eine Reportage. Sie ist darüber so glücklich, dass ich mich scheue, sie zu warnen: Was den Sender interessiert, ist natürlich die Geschichte eines Falls, eines vergänglichen Ruhms. Sicher ahnt sie es, aber der Sog, im Fernsehen zu erscheinen, ist mächtiger als der Blick auf das, was über sie berichtet wird. Der Sender bat sie, dass sie sich mit ihrem Handy in ihrem Alltag filmt, er hat ihr extra dafür einen Teleskoparm zur Verfügung gestellt, den sie aber schlecht bedienen kann. Das findet sie lustig. Es ist etwas Kindliches an ihr, ein kleines zerbrechliches Mädchen, das begreift, dass sie die Ihrigen mit ihrem Buch erbost hat. Noch ist es nicht in den Buchläden, aber sie wollte es ihnen vorab schicken. Darauf ist sie ungemein stolz. Sie stellt sich vor, wie die Zeitschriften wieder über sie berichten, wie sie viel Geld verdient, neue Rollen im Theater oder im Film angeboten bekommt. Das letzte habe sich sehr gut verkauft, versichert sie mir.

Etwas aber nagt an ihr, ihr Bruder und ihre Schwiegermutter werfen ihr vor, Episoden aus ihrem Leben umgeschrieben zu haben. Sie hält dagegen, sie seien es, »die sich irren«. Ich versuche, sie zu beruhigen, Erinnerung sei schließlich etwas Zerbrechliches, Lückenhaftes und Persönliches, und jeder erinnere sich, woran er wolle und was er von der Vergangenheit behalten habe. Es gebe keine absolute Wahrheit, füge ich hinzu, das Recht auf die eigene Geschichte sei eine unangefochtene Freiheit. Ich weiß, dass ich zu mir selbst rede, um dieses Unwohlsein, das mich verfolgt, wenn ich über dich schreibe, von mir fernzuhalten. Ich versuche, mich vor den Kritiken zu schützen, denen ich mich unweigerlich aussetze. Vor den Kritiken derer, die dir begegneten und die dich in meiner Erzählung nicht wiederfinden, der letzten unserer Familie, die sich fragen, was mir das Recht gibt, dich neu zu erfinden.

Fiona will mich nicht mehr gehen lassen. Sie kramt überall in ihrer Zweizimmerwohnung herum, in den Schränken und Regalen, auf der Suche nach deiner Vergangenheit und vor allem ihrer. Sie will unbedingt verlorene Fotos wiederfinden, entdeckt ein riesiges Plakat von dir, das sie, wie sie sich erinnert, eines Nachts von einer Litfaßsäule abgerissen hat. Sie rollt es auf dem Boden aus, setzt sich darauf und wirft sich in Pose. So solle ich sie fotografieren. Sie verwechselt Daten und Namen, die Sätze überschlagen sich dermaßen, dass ich kaum hinterherkomme. Ihr Vater, ihre Mutter, ihre

Stiefmutter, ihr Sohn, ihre Einweisungen, ihre Freunde, ihre Liebhaber, ihre Seitensprünge, ihre Rollen, du, A., ihre Brüder, Korsika und Cannes, Paris und Oléron, die Ereignisse, die Orte und Vornamen verschwimmen in einem verworrenen Monolog. Plötzlich fühle ich mich eingeengt in dieser Wohnung, die mich so sehr an das Unglück und die Nöte der Frauen in meiner Familie erinnert. Als sich die Wolken an diesem regnerischen Tag auflockern, nutze ich die Gelegenheit und schlage ihr einen Spaziergang vor. Sie habe in der Tat Hunger, es gebe ein nettes Restaurant in ihrem Viertel. Sie stellt mir die Händler vor, die sie kennt. Ich bin beruhigt, dass sie in guter Nachbarschaft ist. Sie bestellt mehrere Gerichte und isst mit großem Appetit.

Nach dem Essen überkommt mich eine unendliche Müdigkeit. Fiona will noch weitererzählen, weiter spazieren gehen, mit ihrem Hund an der Leine. Ich kann nicht mehr, ich bin ausgelaugt. Statt die Metro zu nehmen, winke ich ein Taxi heran. Zu Hause angekommen, falle ich ins Bett und schlafe ganze drei Stunden.

Du hattest keine Kinder. Sie interessierten dich nicht. Du hast so getan, als ob du zuhören würdest, wenn ich von meinen sprach oder wenn A. die neuesten Streiche ihrer Neffen schilderte, aber ich wusste, dass es reine Nettigkeit war. Du wolltest nie Mutter sein, bis zum Ende bist du ein kleines jähzorniges Mädchen geblieben. Das einzige Mal, dass ich dich um ein Kind kümmern sah, war auf der Leinwand. Du hattest die Hauptrolle in *Das ganz große Ding* von René Clément bekommen. Auch das haben alle vergessen, dass du beim Dreh des letzten Films von René Clément mit dabei warst, dem Regisseur von *Schienenschlacht*, *Verbotene Spiele* und dem packenden *Nur die Sonne war Zeuge*. Der *Tango* hat den Rest deiner Filmografie verschlungen. Seit dem Ende der 6oer-Jahre kümmerte sich Clément in der Tat kaum noch um Kritiken und das Publikum. In *Das ganz große Ding*, einem Bank-Thriller, der 1975 in die Kinos kam und keinen Erfolg hatte, bist du Michelle, eine junge Studentin in Rom, die nachts auf ein Kind aufpasst, um sich ihren Lebensunterhalt zu verdienen. Sie wird entführt, zusammen mit dem Kind in ein großes bürgerliches Haus.

Von der ersten Einstellung an, noch vor dem Vorspann, überstrahlt deine Schönheit den ganzen Film. Du sitzt hinter einem Schreibtisch, trägst eine rote Bluse und eine weiße Hose, deine Locken legen sich wunderschön auf deine Schultern. So elegant habe ich dich in keinem anderen Film gesehen. In einer anderen Einstellung gehst du spazieren, in einem braunen Pullover, einem bordeauxroten Rock unter einem roten Mantel, und hältst einen Korb in der Hand. Clément fängt dein

Lächeln und das Leuchten deiner Haut ein, während sich die anderen Regisseure an deiner dunklen Seite weiden. Dieser Spielfilm war nicht dein größter Film, er kommt nicht heran an die Intensität von *Beruf: Reporter,* aber erstaunlicherweise berührt er mich am meisten. Abgesehen von der verrückten Entführungsgeschichte erzählt *Das ganz große Ding* noch etwas anderes, eine distanzierte, seltsame und zugleich tiefe Freundschaft zweier WG-Bewohnerinnen. An deiner Seite spielen Robert Vaughn, der sonst auf die Rollen des Bösewichts abonniert ist und durch *Die glorreichen Sieben* bekannt wurde, und die blonde Amerikanerin Sydney Rome, die später Aerobic-Lehrerin in Berlin werden soll. Ann (Sydney) und Michelle (du) wohnen zusammen in einer Wohnung. Michelle studiert Architektur, Ann ist aufstrebende Schauspielerin. Was sonst soll man in ihrer erfolglosen Kinolaufbahn sehen als einen deutlichen Hinweis auf das, was du mit dem *Tango* erlebt hast? Ann wird für einen Dreh gecastet, für sie eine erfreuliche Nachricht. Seit einigen Monaten kann sie ihren Anteil an der Miete nicht mehr zahlen. Man sieht sie dann an einem Set mit ihrem männlichen Partner für eine Szene, die in erzwungenem Sex endet. Der Regisseur verlangt von ihr, sich auszuziehen. Sie will nicht. »Wenn du dich dieser Rolle verweigerst, ist es aus. Dann kannst du mit deiner Karriere wieder bei null anfangen«, droht ihr daraufhin der Schauspieler. Die beiden Männer verbünden sich und unterwerfen sie. Ann verlässt schreiend das Set. »Diese Szene war nicht im Drehbuch!« – »Für wen hältst du dich? Glaubst du, wir haben dich wegen deines Esprits genommen?«, schleudert ihr der Regisseur voller Verachtung entgegen. Ann begeht am Ende Selbstmord. Michelle findet sie nackt in der Badewanne mit aufgeschnittenen Pulsadern, das Wasser ist blutrot.

Es gibt Frauen mit zu großen Nasen, Frauen, die durch Schläge entstellt sind, Frauen, denen der Lippenstift am Kinn verschmiert und die Mascara unter den Augen verlaufen ist, nackte Frauen, tätowierte, die traurig aussehen, Frauen, die lachen und sich in beschlagenen Spiegeln betrachten, als Huren gekleidete Frauen, mit leerem Blick, rauchende Frauen, Frauen unter der Dusche oder die auf schmutzigen Matratzen liegen, Frauen, die tanzen, Sex haben, weinen, sich selbst befriedigen. Frauen mit rundem Bauch, Frauen, die heiraten. Frauen, die Frauen lieben, Frauen, die Männer lieben. Es gibt auch Männer, Männer, die sich Frauen nehmen, Männer, die Kadavern ähneln auf zerknitterten Laken nach dem Liebesspiel, Männer, die sich Heroin spritzen, gut aussehende Männer mit von Drogen verfaulten Zähnen, trinkende Männer, Männer auf Ecstasy, aidskranke Männer, in dreckige Toiletten pissende Männer, ejakulierende Männer, manche lachen, andere blicken melancholisch entrückt durch beschlagene Fenster. Männer, die Frauen lieben, Männer, die Männer lieben.

Siebenhundert Diapositive hat die Fotografin Nan Goldin aufgenommen, es ist ein Bordbuch mit denen, die für sie seit den 70er-Jahren posierten, Unbekannte, viele enge Freunde, wiederkehrende Figuren. Jahrzehnte des Umherirrens und Momente der Ruhe zwischen Berlin, Mexiko, Boston, New York, Paris. Bilder von Straßen und Partys, von einfachen Hotelzimmern und schmutzigen Badezimmern. Die Künstlerin hat diese Auswahl an Fotografien unter dem Titel *The Ballad of Sexual Dependency* herausgebracht. Denn es ist die Abhängigkeit, die alle diese Aufnahmen der Diashow miteinander verbindet. Hinterlegt ist sie mit einem betörenden Musikmix aus Velvet Underground, Bizets *Carmen*, Jimmy Somerville, *I Put a Spell on You*, das Screamin' Jay Hawkins 1956 komponierte. Abhängigkeit von Sex, aber auch von dem anderen, von der Liebe, von der Gewalt, vom Alkohol, von Drogen, vom Unglück, von starken Gefühlen. Die Ausstellung war im Winter 2017 im New Yorker MoMA zu sehen. In einem ersten Raum hingen vereinzelt Fotografien, Plakate von früheren Ausstellungen. Ich setzte mich in den schwarzen Raum, in dem der Film gezeigt wurde. Zwischen zwei Körpern und zwei verlebten Gesichtern sprang mir ein Foto mit dir ins Auge. Die Callas, deren Vornamen du trägst, sang »die Liebe ist ein Kind der Boheme«. Du hast die Oper abgöttisch geliebt. Ich bin allerdings nicht sicher, ob du es geliebt hättest, in dieser Galerie verlorener Gestalten aufzutauchen.

Nan Goldin und du, ihr wart seit zehn Jahren miteinander befreundet. 2001 beauftragte sie das Magazin *Vogue* mit einer Porträtreihe, die unter dem Titel »Strip Projekt« veröffentlicht wurde. Sie hat dich zusammen mit anderen Frauen ausgewählt, die sie ins Licht setzen wollte. Du lehntest jegliche Fotos ab, ihr aber gabst du schon bei der ersten Begegnung dein Einverständnis. Sie stellte es richtig an, nie hätte sie dich gebeten, dass du dich ausziehst. Das Posieren hast du nicht bereut. Die Fotografie sieht aus wie ein Renaissance-Gemälde. Du trägst eine schwarze Seidenbluse, wie immer eine Jeans, lange Ohrringe mischen sich in dein glänzendes, bis zum Rücken hinabfallendes Haar. Solche langen

Haare hattest du nur in dieser Zeit. Auf deinem Oberschenkel liegt ein andalusischer Fächer. Gemusterte Vorhänge und einer in Purpur, verschiedene Stoffe rahmen das Sofa ein, auf dem du sehr aufrecht sitzt. Das Foto von dir, das auch in *The Ballad of Sexual Dependency* vorkommt, ist Teil dieser Reihe. Auf den anderen Seiten des Magazins sieht man Maggie Cheung, Maria de Medeiros, Joana Preiss und Dominique Sanda.

Nan Goldin und du, ihr trennt euch nach der Erfahrung mit der *Vogue* nicht mehr. A. kümmert sich eine Zeit lang um ihr Fotostudio, ihr esst regelmäßig abends zusammen. Ich stelle mir vor, wie ihr über Kinofilme diskutiert, über eure Leben ohne Tabus redet, über Amerika, über Drogen, die Wirkungen von Methadon und Haschisch, um vom Heroin wegzukommen, über Bisexualität, die unzähligen Partys, die euren Leben einen Rhythmus gegeben haben, über jene Jahre, als ihr euch gleichzeitig so fern und so nah wart, über die Jahrzehnte, in denen ihr euch nicht begegnet seid. Vielleicht auch über schmerzlichere Themen, Dramen, die ihr parallel, ohne dass die eine von der anderen wusste, erlebt habt, den Selbstmord ihrer Schwester, den Selbstmord deines Bruders, euer gemeinsamer Tanz nah am Tod, das Leben, das an einem einzigen Faden hängt. Wahrscheinlich habt ihr über nichts dergleichen gesprochen.

Ich bin noch ein Kind und Jean ist bei uns zu Hause. Jean kommt ab und zu bei uns vorbei. Er ist zwanzig Jahre älter als Papa, er ist der älteste der Brüder, er ist ein echter Schneider. Er wird »Jeannot« genannt. Er ist der Familienälteste und der Liebling meiner Großmutter. Jean outet sich als homosexuell, wie es wenige in jener Zeit tun. Er schildert Details seiner Abenteuer, die uns peinlich sind, von Männern, die er auf Kreuzfahrtschiffen, wo er als Steward arbeitet, aufgabelt hat, oder er erzählt von der Pariser Oper, wo er einen Feuerwehrmannsanzug trägt, den er von einer Bekanntschaft bekommen hat, von seinem ersten Liebhaber während des Zweiten Weltkrieges, einem deutschen Soldaten, der das Familienanwesen beschlagnahmt hatte, von seinem zweiten, einem Amerikaner zur Zeit der Befreiung. Jean erzählt derartig viel, dass man sich fragt, ob es alles stimmt, und man gleichzeitig überzeugt ist, dass er sich das nicht alles ausgedacht haben kann. Wenn er redet, ist Papa und Mama nicht wohl dabei, man weiß nie, was als Nächstes aus seinem Mund kommt. In solchen Momenten haben sie immer gerade etwas Dringendes zu tun, müssen Kaffee aus der Küche holen, noch den restlichen Abwasch machen. Aber man kann den Erzählungen von Jean nicht entkommen, sie verfolgen einen von einem Zimmer ins andere, sie lassen einen nicht los. Vor allem eine Geschichte erzählt er immer wieder. Sooft er kann, wiederholt er sie in verspieltem, scherzhaftem Ton. »Es ist schon witzig, wenn man bedenkt, dass ich mit Brando zwanzig Jahre vor Marias Dreh des *Tango* geschlafen habe!« Er redet von den Nachkriegsjahren, als er beschlossen hat, nach New York zu gehen. Er verließ die Familie, wollte sein Glück in Amerika finden. Wenn seine Geschwister ihn eines Tages wiedersehen würden, hätte er die Arme voller Gold. Das Abenteuer verlief anders, als er sich gewünscht hatte. Niemand wartete in Amerika auf Jean außer ein paar Schwule an den berüchtigten Docks auf der Jagd nach Frischfleisch. Genau da, schwört er, habe er Brando getroffen. Er war damals noch nicht Schauspieler, er trieb sich wie er an den Ufern von Manhattan herum. Ich höre mir die Geschichte an, sie kommt für mich nicht überraschend. Ich bin noch ein Kind, aber was diese Familie angeht, überrascht mich nicht mehr viel. Manchmal frage ich mich, ob er das auch dir, Maria, erzählt hat. Wahrscheinlich schon. Nichts wird dir erspart geblieben sein.

Du siehst Jean nicht gern. Niemand sieht Jean gern, außer unserer Großmutter. Jean redet laut, er schleudert uns sein überschwängliches Temperament ins Gesicht. Er zieht Aufmerksamkeit auf uns, wir schämen uns für ihn. Wenn er bei uns zu Hause ist, macht er so viel Lärm und nimmt so viel Platz ein, dass wir Angst haben, die Nachbarn würden ihn durch die Wände hindurch hören. Manchmal geht er einfach, ohne Bescheid zu sagen, und kommt eine halbe Stunde später triumphierend zurück. Er treibt es dann mit einem Typen unten im Pissoir des Blocks, unter der Hochbahn. Das sagt er, als ob er uns mitteilen würde, dass er gerade ein Baguette kaufen war. Meine Mutter schafft es, das Zimmer zu verlassen, mein Vater ist stinksauer. Nicht etwa, weil er die Fickgeschichten vor seinen Kindern erwähnt, bei uns gibt es keine Tabuthemen, man solle bloß nichts vor Kindern verheimlichen, sagt die Kinderärztin und Psychoanalytikerin Françoise Dolto. Papa regt sich darüber auf, dass er das unbedingt bei uns machen muss, in unserem Viertel, da, wo die Leute uns kennen. Soll er doch woanders ficken, die Pissoirs sind ekelhaft. Papa ist in Rage, er will davon nichts wissen, er will nicht, dass sein Bruder ihm davon erzählt. Jean kommt immer seltener zu uns nach Hause, später gar nicht mehr. Papa will ihn nicht mehr sehen. Es ist ihm zu viel. Er ruft ihn ab und zu an, seit er alkoholkrank ist regelmäßiger. Jedes Mal legt er auf und seufzt, wütend und traurig zugleich. Wann wird er bloß diesen ganzen Wahnsinn los?

Ich bin schon lange aus dem Haus und mein Vater teilt mir mit, »Jeannot ist tot«. Jean ist frühmorgens in sein Stammbistro für seinen Pastis hinuntergegangen. Ein Pastis, nur einen, schwor der Kellner später dem Notarzt bei der Befragung. Ein Pastis und mit dem letzten Schluck ist er steif wie ein Brett auf den Fliesenboden gefallen. Er hatte acht Promille Alkohol im Blut. Ich habe Papa erklärt, dass das unmöglich sei, so eine hohe Dosis, das gebe es überhaupt nicht, sie müssen sich geirrt haben. Aber es war der vom Krankenhaus bescheinigte Wert. In meiner Familie macht man keine halben Sachen. Wenn man trinkt, dann stirbt man an acht Promille.

In den letzten Jahren kamst du zum rumänischen Weihnachtsfest. Mein Vater und mein Onkel hatten sich dieses Abendessen ausgedacht, zu dem die von der Familie Übriggebliebenen sich abwechselnd bei uns oder bei den Georges trafen. Rumänisch war an dem Weihnachtsessen nur die Bezeichnung. Niemand konnte Gerichte aus Rumänien kochen und nur wenige waren je dort gewesen. Es war auch nicht mehr wirklich Weihnachten, denn das Ganze fand meist Ende Januar statt, damit jeder seine Termine unterbringen konnte. Es war eine Art zu zeigen, dass wir, wenn auch nur einmal im Jahr, eine halbwegs normale Familie waren. Dir war das rumänische Weihnachten bei den Georges lieber. Bei Papa fühltest du dich nicht wirklich wohl, selbst wenn der Champagner und der Rotwein an solchen Abenden in Strömen flossen und dich locker machten. Du warst noch nicht krank und wolltest dennoch den Kontakt zu deiner Familie neu knüpfen. Du hattest vorgeschlagen, dass wir unter Cousinen ein Abendessen organisieren. Ich hatte das erste übernommen. Wir saßen zu viert am Tisch, in meiner kleinen Wohnung in der Rue Martel, die ich sehr mochte. Ich erinnere mich, dass ich eine Kastaniensuppe gekocht hatte, die mir ordentlich Mühe gemacht hatte. Wir tranken viel, lachten noch mehr und verabschiedeten uns mit dem Vorsatz, das bald wieder zu veranstalten. Dann kam die Krankheit, von Essen unter Cousinen war keine Rede mehr.

Einige Monate vor deinem Tod sagtest du immer wieder: »Ich muss meine Mutter sehen.« Nicht »ich möchte gern«, sondern »ich muss«. Du wiederholtest es immer häufiger und die Aussicht eines Besuches stürzte dich augenscheinlich in schreckliche Angstzustände. Als du ihr zum ersten Mal von deinem Krebs erzähltest, stieß sie einen so lauten Seufzer aus, dass ihr Atem durch das Telefon bis zu dir durchdrang, »du machst mir solche Sorgen«. Und trotzdem wolltest du nicht aus dem Leben gehen, ohne sie wiedergesehen zu haben. Deine Reise nach Nizza, wo sie wohnte, verschobst du immer wieder aufs Neue. Angeblich aus Zeitmangel, Erschöpfung durch die Behandlung, wegen deiner panischen Flugangst, wie damals, als sie in Tahiti lebte und du sie dort auch nie besucht hast. »Zwanzig Stunden Flug, ohne zu rauchen, ist dir klar, was das heißt, unmöglich, das schaffe ich niemals«, hast du geflüstert und der Diskussion schnell ein Ende gesetzt: »Es gibt anscheinend nichts zu tun in Polynesien, und ich werde ja wohl nicht einmal um den ganzen Planeten fliegen, um in diesem Loch festzustecken.« Diesmal war es anders, Nizza war näher als Papeete und du lagst im Sterben. Du bist geflogen. »Brigitte« hatte dir die Reise geschenkt, du konntest dir kein Flugticket leisten. Ich weiß nicht, was dort passiert ist. Du bist einige Tage später wiedergekommen, traurig wie ein Kind, das sein Gute-Nacht-Kuscheln nicht bekommen hat.

Mama ruft mich an. Jacques Rivette ist tot. Sie ist sehr aufgelöst. Sie kannte ihn noch aus Zeiten der *Cahiers du cinéma*, als sich ihr Leben in Kinosälen abspielte. Mit dir traf sie ihn wieder. Du empfandest für Rivette eine große Zärtlichkeit und er gab sie dir zurück. 1981 spieltest du in *Merry-Go-Round* mit, einem Thriller, der mit der Begegnung zweier junger Menschen in einem Hotel am Pariser Flughafen Roissy beginnt. Das Treffen wurde von einer Frau arrangiert, die danach verschwunden war. Zur damaligen Zeit war dein Ruf so ruiniert, dass keine Filmgröße das Risiko, mit dir zu drehen, eingehen wollte. Bei Rivette hattest du das Privileg, dass du dir deine Mitschauspieler selbst auswählen durftest. Du wolltest die Warhol-Ikone Joe Dallesandro. Maurice Garrel und Frédéric Mitterrand stehen ebenfalls im Abspann. Der Regisseur gab sich große Mühe und schenkte dir Vertrauen. Du hast ihm diese besondere und elegante Geste nie vergessen.

Rivette war bei deiner Ordensverleihung dabei, wenige Monate vor deinem Tod. Bulle Ogier hatte ihn eingeladen, die zur gleichen Zeit wie du geehrt wurde, und so hatte er zwei Fliegen mit einer Klappe geschlagen. Die Feierlichkeiten fanden im Empfangssaal des Kulturministeriums statt, in der Rue de Valois, in einem großen, auf den Garten des Palais-Royal hinausführenden Raum mit imposanten Kronleuchtern, blau-goldenen Vorhängen und fein gearbeiteten Holzvertäfelungen. Frédéric Mitterrand, der damalige Kulturminister, wusste, dass du sehr krank warst. Es war sein Wunsch, dir den Orden der Künste und der Literatur zu verleihen. Solche Auszeichnungen waren dir nie wichtig, aber diese verschaffte dir doch eine besondere Genugtuung. Ihm auch. Dir diese Ehre zu erweisen, war eine Form, um Verzeihung zu bitten, dass er dich an jenem verregneten Tag am Ausgang des Olympic allein gelassen hatte, als alles schieflief. »Hast du geahnt, dass diese traurige Erinnerung an unsere erste Begegnung dazu führte, dass ich mich dir gegenüber so verhielt, wie ich es hätte an jenem Tag tun sollen?«, schreibt er. »Später, zu spät.« Nein, es war nicht zu spät. Es ist niemals zu spät, um Menschen zu sagen, dass man sie liebt.

Es war beschwerlich für dich, deine Wohnung zu verlassen, die Kräfte dafür fehlten. Deine Haare waren zum Bob geschnitten, einen Teil von ihnen musstest du aufgeben, färben konntest du sie nicht mehr. Es tat mir unglaublich weh, als ich zum ersten Mal sah, dass sie weiß waren. An jenem Tag trugst du eine hellblaue Jacke und Jeans, die Augen hattest du schwarz umrandet und Lippenstift aufgetragen. Du warst extrem dünn, konntest dich kaum aufrecht halten und deine Aufmerksamkeit auf die vielen Komplimente richten, die man dir reihenweise aussprach. Während der Rede des Ministers musstest du sitzen bleiben. Die drückende Hitze machte dir besonders zu schaffen, mit einem Fächer hast du dir ein wenig Luft zugewedelt. Seit einigen Jahren bewegtest du dich nicht mehr ohne ihn. Du machtest das Spiel der Fotografen mit und lächeltest.

Dann bist du wieder in der Menge verschwunden, mit mechanischen Gesten hast du die Medaille berührt, die dir ans Revers deiner Jacke geheftet worden war, als ob du es nicht glauben könntest, dass sie wirklich dir gehört. Es war für dich eine unendliche Wiedergutmachung, als eine Schauspielerin anerkannt zu werden, die bedeutsam war. Du warst nicht umsonst durch das Leben gegangen. Jetzt konntest du es verlassen.

Bernardo Bertolucci entschuldigte sich schließlich. Dafür war es jedoch zu spät. Du warst nicht mehr da, um es zu hören. Am Tag nach deinem Tod wurde er von der italienischen Presse interviewt, er formulierte die Andeutung eines verspäteten Geständnisses. »Maria hat mich immer beschuldigt, ihr die Jugend gestohlen zu haben, und erst heute frage ich mich, ob es nicht zum Teil stimmte. Sie war wirklich zu jung, um die Wucht des unvorhergesehenen und brutalen Erfolgs aushalten zu können.« Dabei hätte er es belassen können, aber er gehörte wohl zu der Kategorie Menschen, die nachlegen, immer noch eins draufsetzen müssen. »Ihr Tod kam zu früh. Bevor ich ihr einen zärtlichen Kuss geben konnte und ihr sagen, dass ich mich mit ihr verbunden fühlte wie am ersten Tag und bevor ich sie zumindest einmal um Verzeihung bitten konnte.« Du hättest keine Entschuldigungen gewollt. Und erst recht nicht seine Küsse.

Deinen Henker hast du nie wiedergesehen, außer einmal, Jahre später, aus Anlass eines Filmfestivals in Japan. Du wusstest nicht, dass er auch anwesend war. Du kamst aus einem Kinosaal und standest ihm direkt gegenüber. Es war ihm anscheinend sehr unangenehm. Jemand wollte euch miteinander bekannt machen, als ob ihr euch nach all der Zeit nicht wiedererkannt hättet. Er versuchte ein »Bonjour«. Du hast ihm mit einer Art Ohrfeige geantwortet: »Ich kenne diesen Mann nicht.« Dieselbe Antwort gab Jeanne, nachdem sie Paul-Marlon am Ende des *Tango* getötet hatte.

Du verfolgst mich immer noch und immer wieder, Maria. Die Zufälle des Lebens führen mich andauernd zu dir, bringen mich dazu, Informationen über dich zu sammeln, dabei habe ich mir geschworen, nicht zu recherchieren, die Fantasie die Oberhand über die Fakten gewinnen zu lassen. Ende Oktober 2015 esse ich mittags in einem japanischen Restaurant im 6. Arrondissement von Paris. Die Einrichtung ist schlicht, die Speisen sind erlesen, die Preise exorbitant. Ich unterhalte mich mit meinem Gegenüber, als ich ihre dünne Figur und die langen, weißen Haare sehe. Patti Smith isst zwei Tische entfernt mit ihrem Agenten. Sie spricht leise, trinkt eine Suppe, pickt ein paar Stücke rohen Fisch. Ich habe nur noch eins im Kopf, mit ihr reden. Sie ist fast fertig mit ihrem Essen, ich habe meins noch nicht bestellt. Sie wird gehen, ohne dass ich sie ansprechen konnte, diese Frau, der ich plötzlich so viele Fragen stellen will. Der Mann, der sie begleitet, nimmt die Treppe, um auf Toilette zu gehen. Ich folge ihm wie ein jämmerliches Groupie und warte vor der Tür auf ihn. Als er herauskommt, stelle ich mich vor, verhaspele mich. Ich bin die Cousine von Maria, ich habe das Lied gehört, ich würde gern ein paar Worte mit Patti Smith wechseln. Er sieht gelangweilt aus, es passt schlecht, sie kommt gerade aus London und ist sehr müde, sie muss morgen auf der Bühne performen, er will sehen, was er tun kann. Eine Viertelstunde später hebe ich den Kopf, sie steht vor mir. Ich bin wie versteinert, sie hält mir schüchtern die Hand hin. Ich stehe auf, um auf Augenhöhe mit ihr zu sein. Sie deutet ein Lächeln an unter einer weißen Haarmatte, Zeichen ihres Alters und wie wenig sie sich um ihr Aussehen schert. Alles stehe in dem Lied, sagt sie. Und fügt hinzu, dass Marias Tod für sie ein Schock gewesen sei, mehr habe sie nicht zu sagen. »Erinnern Sie sich an Ort und Zeit Ihrer Begegnung?« Mit einer Geschwindigkeit, die mich überrascht, antwortet sie, als ob ich sie nach einem Ereignis am Tag zuvor gefragt hätte. »Es war in Los Angeles, 1973.«

Am nächsten Tag, auf der Bühne des Olympia, liest Patti Smith vor den Fans, die Unsummen für die Tickets bezahlt haben, die Liste ihrer Verstorbenen vor. Dein Name hallt durch das Mikro. Maria Schneider. Dir wird applaudiert.

D iese Szene des *Tango* wird wohl immer präsent sein. Während ich über dich schreibe, läuft ein Foto des Films über meinen Twitter-Account. Die amerikanische Ausgabe der *Elle* kommt auf die Episode der »Vergewaltigung« zurück. Die westliche Welt ist anscheinend auf die Gewalt gegen Frauen und den Missbrauch sehr junger Frauen durch verschiedene Künstler aufmerksam geworden. Einige Tage zuvor hat sich der Fotograf David Hamilton das Leben genommen, nach den Enthüllungen über die Kränkungen, die seine jungen Models erlitten. Michelle Obama, Frau des US-amerikanischen Präsidenten, hielt eine scharfe Rede gegen das sexistische Benehmen Donald Trumps. Die Zeit des Schweigens ist vorbei. Das Sprechen hat die Scham verdrängt.

Die Zeitschrift *Elle* hat ein Video mit Bertolucci ausgegraben, das 2013 in der Pariser Cinémathèque gedreht wurde. Der Regisseur erklärt völlig gelassen: »Die Szene mit der Butter war eine Idee von Brando und mir am Morgen vor dem Dreh.« Er gesteht, er habe sich »schrecklich« gefühlt, in der Art, wie er dich behandelt habe, aber rechtfertigt sich: »Ich wollte, dass sie wie ein Mädchen reagiert, nicht wie eine Schauspielerin. Ich wollte, dass sie sich gedemütigt fühlt.« Er fügt hinzu, er fühle sich »schuldig«, aber »bereue« nichts, im Gegensatz zu dem, was er am Tag nach deinem Tod sagt. »Um etwas zu bekommen, muss man völlig frei sein. Ich wollte nicht, dass Maria die Demütigung und die Wut spielt, ich wollte, dass sie die Wut und Demütigung spürt. Sie hat mich dafür bis ans Ende ihrer Tage gehasst.« Alles für die Kunst. Du warst für ihn im Großen und Ganzen nur ein Kollateralschaden. Du hattest bereits alles gesagt, so viele Male, du hattest in die Leere geschrien, niemand wollte dich hören. Eine ehemalige Drogenabhängige zählt nicht im Vergleich zu den heiligen Monstern.

2013 hielt es niemand für nötig, den Aussagen des Regisseurs Beachtung zu schenken. Als das Video dann im Internet auftaucht, entflammt es das Netz. Der *New Yorker* und der *Guardian* wachen auf. Dann *Vanity Fair*, spanische, lateinamerikanische und italienische Medien. Die Stunde ist gekommen, um die Schuldigen anzuprangern und mit ihnen einer Zeit den Prozess zu machen, den 70er-Jahren, als, unter dem Deckmantel der sexuellen Befreiung, jeglicher Missbrauch geduldet wurde. *Le Parisien* greift den Artikel der amerikanischen *Elle* auf: »*Letzter Tango* in Paris, Bertolucci und Brando planten die Vergewaltigung von Maria Schneider.« Die Polemik verbreitet sich über Twitter, in allen Sprachen und auf allen Kontinenten. Die Starschauspielerin Jessica Chastain sendet einen vernichtenden Tweet: »Für alle Menschen, die diesen Film lieben, ihr seht eine 19-Jährige, die von einem 48-Jährigen vergewaltigt wird. Der Regisseur plante diese Attacke. Mir ist übel.« Zehntausende Male wurde er retweetet.

Angesichts der Wogen beschließt Bertolucci, statt weiter zu schweigen, öffentlich Stellung zu beziehen. Seine Erklärung beginnt mit dem verstörenden Satz: »Ich möchte zum letzten Mal ein lächerliches Missverständnis aufklären, das weiterhin in Bezug auf den *Letzten Tango in Paris* weltweit in Zeitungen verbreitet wird.« Ohne Zögern greift er seine vergangenen Äußerungen wieder auf und strickt daraus eine neue Fassung: »Manche dachten und denken immer noch, dass Maria nicht über die erlittene Gewalt informiert war. Falsch! Maria wusste alles, denn sie hatte das Drehbuch gelesen, in dem alles stand. Das einzig Neue war die Idee mit der Butter.« Er lügt, er weiß es, du bist nicht mehr da, um ihm zu widersprechen und deine Version des »lächerlichen Missverständnisses« zu schildern.

Das 21. Jahrhundert, das du kaum kanntest, Maria, wird das der moralischen Wiedergutmachung werden, in dem die jahrtausendealten Perversionen als unzumutbar angesehen werden. Die Opfer werden nun gehört, ihre Peiniger an den Medienpranger gestellt. In dem Moment, wo deiner sich an miserablen Erklärungen versucht, treten andere Gepeinigte aus dem Schweigen heraus. Die Sängerinnen Lady Gaga und Madonna sehen die Zeit gekommen, lautstark zu schreien, dass sie missbraucht wurden. Der Schauspieler und Regisseur Tim Roth enthüllt die Identität seines Vergewaltigers in seiner Kindheit: sein Großvater. Pädophilie, Inzest, Vergewaltigung werden öffentlich und die Namen der Täter zum gefundenen Fressen. Es ist nur ein Anfang. Ein Jahr später bezichtigen Schauspielerinnen den Hollywoodgiganten, den allmächtigen Produzenten Harvey Weinstein, sexueller Übergriffe. Das Sprechen ist nicht mehr befreit, es ist entfesselt. Ein Pressebericht denunziert die »Kultur des Missbrauchs im Kino«. Als Bebilderung dient das Foto von Brando, wie er auf deinem Rücken liegt, während du um dich schlägst. Seit sechs Jahren bist du tot, der *Tango* hingegen ist immer noch da. In allen Kreisen verbreiten die Frauen ihr #MeToo, unter dem französischen Hashtag »Balance ton porc« werfen sie »ihr Schwein« in die Öffentlichkeit. »Dein Schwein« wäre dir viel zu jämmerlich gewesen, dieser alte Bertolucci, der dich terrorisiert hat und sich Jahre später derart widersprechen sollte. Die Hetze auf ihn, seine Angst zu spüren, hätte dich gewiss amüsiert. Dass er seitdem in Schwierigkeiten ist, seine Filme zu finanzieren, und seine Verteidigung unseligerweise nur darauf abzielt, seine Interessen und sein Image für die Nachwelt zu bewahren, all das wäre dir vielleicht nicht mal einen Kommentar wert gewesen. Mit einem verstohlenen Lächeln hättest du dich zufriedengegeben, mit einer spöttischen Schnute, wie nur du sie ziehen konntest.

Zu deinem letzten Fernsehauftritt habe ich dich begleitet. Du wolltest keine Fotoaufnahmen und seit Langem auch keine Interviews mehr. Zuletzt hattest du dich in Bertrand Bliers *Les Acteurs* selbst gespielt. Eine Anfrage der *Libération*, die daraufhin ein großes Porträt über dich veröffentlichen wollte, hattest du wiederum abgelehnt. Jede und jeder andere hätte sich geschmeichelt gefühlt von dem Angebot, eine ganze Seite gewidmet zu bekommen. Du nicht. Der Vater meiner Tochter war Chefredakteur einer Kultursendung auf France 4, die Moderatoren träumten davon, dich auf ihrer Bühne zu haben. Du hattest dich überzeugen lassen, denn du hattest etwas zu verteidigen, du warst damals die Patin des Internationalen Turiner Filmfestivals für jungen Film.

Du kamst angespannt in die Loge. A. und ich hatten dir versprochen, dich nicht hängen zu lassen. Du hast ein Glas Rotwein bestellt, um dich locker zu machen, es war eine Livesendung aus einem Nachtklub zu später Stunde, die Bar stand den Gästen offen. Du hast abgelehnt, dass die Maskenbildnerin mit ihren Pinseln dein Gesicht bemalt. »Ich schminke mich selbst.« Du hast einen schwarzen Stift aus deiner Tasche geholt, um die Augen zu betonen, hast Kompaktpuder, Mascara und Lippenstift aufgetragen. Um sicherzugehen, dass alles in Ordnung war, hast du dich zu uns umgedreht. Ich traute mich nicht zu sagen, dass du dich lieber hättest professionell schminken lassen sollen. Dann sähe das Ergebnis besser aus. Den ganzen Nachmittag schon hattest du dir die Filmtitel und die Informationen zu dem Festival, das du promoten würdest, versucht einzuprägen.

In der Sendung hältst du eine durchsichtige rote Plastikhülle, in der deine Unterlagen stecken, fest in den Händen, wie eine Schülerin, die sich an ihre Spickzettel klammert. Du trägst wie immer Jeans, ein weißes Männerhemd und einen dreiviertellangen bordeauxroten Mantel. Deine Haare sind sehr lang und deine Stirn überdeckt ein unbezähmbarer Pony. Die Musik von der Tanzfläche scheint dich zu stören, immer wieder justierst du den Kopfhörer neu und lässt dir manchmal die Fragen wiederholen. Der Moderator spürt, dass du angespannt bist, und versucht die gute alte Interviewtechnik, dem Ego des eigensinnigen Künstlers zu schmeicheln, damit man auf die Frage, die man stellen will, eine Antwort bekommt. Er erwähnt die etwa fünfzig Filme, in denen du gespielt hast. Du lächelst. »Achtundfünfzig«, korrigierst du kokett. Die Filme, in denen du nur kurz auftrittst, hast du dabei sicher mitgezählt. Du bist nicht hier, um das nette Mädchen zu spielen. Als der Journalist *La Repentie*, den Spielfilm von Laetitia Masson aus dem Jahr 2002, anspricht, in dem du eine Nebenrolle an der Seite von Isabelle Adjani spielst, feuerst du los: »Das ist kein guter Film, kein ehrlicher Film, ein Auftragswerk.« Du lächelst erneut, als du erzählst, dass das italienische Kino und vor allem der Neorealismus dich zur Schauspielerei gebracht haben. Du erwähnst *Das Abenteuer, Blow-Up, Rote Wüste*. Der Moderator hört dir freundlich zu. Es ist nicht das, was er hören will. Er führt dich Richtung *Tango*. Du durchschaust ihn, lässt dir aber nichts anmerken. Du weichst ihm so geschickt aus, dass er sich fast entschuldigt, dich auszufragen. Schließlich antwortest du: »Dieser Film hat sich in die Filmgeschichte eingeschrieben, es ist nicht mein Lieblingsfilm. Brando fühlte sich betrogen, vergewaltigt, ausgenutzt. Ich mich auch. Aber er war fünfzig Jahre alt und ich zwanzig.« Und bezüglich Bertolucci sagst du erneut: »Ich habe ihm nie verziehen.« Du gehst zu Rivette und Garrel über, die »die Schauspieler nicht als Objekte des eigenen Wahns angesehen haben«. Und dann, als ob dir wieder einfällt, was dich hierhergeführt hat, kommst du auf das italienische Kino zurück, rollst die »r« und sprichst die Namen der mythischen Regisseure in einem Singsang aus: Zefirelli, Comencini, Antonioni, Moretti, Benigni, Tornatore … Deine tiefe Stimme lässt mich auf die Halbinsel schweifen.

D er Film kam in Frankreich nie in die Kinos. Ich habe ihn nicht gesehen. Trotzdem ist er mir vertraut. Wochenlang ist er Thema Nummer eins in unserer Wohnung im 13. Arrondissement. Sein Titel ist *Friedenszeit in Paris*, gedreht 1981 von dem serbischen Regisseur Predrag Golubović. Er wurde auf dem 12. Internationalen Filmfestival in Moskau gezeigt und erhielt einen Sonderpreis. Maria spielt darin die Elen. Sie hatte die Rolle angenommen unter der Bedingung, keine Sexszenen zu spielen, wie sie es mit allen Drehbüchern hielt, die ihr unterbreitet wurden. Mit ihr sind der Schauspieler Dragan Nikolić und die Italienerin Alida Valli zu sehen, die in mehr als hundert Filmen spielte, in *Der Fall Paradin* von Hitchcock, *Der dritte Mann* von Carol Reed, in Luchino Viscontis *Sehnsucht* und in Michelangelo Antonionis *Der Schrei.* Auch in zwei Filmen von Bernardo Bertolucci übernahm sie die Hauptrollen, in *Die Strategie der Spinne* von 1970 und sechs Jahre später in *1900.* In der Zwischenzeit hatte der Regisseur Maria mit seinem *Tango* vernichtet.

Ich weiß nicht viel von dieser *Friedenszeit in Paris*, außer dass Mama darin mitspielt. Maria hatte mitbekommen, dass es ihr Traum war, Schauspielerin zu sein, und ihr einen kleinen Auftritt vorgeschlagen. Sie sollte eine Hotelangestellte verkörpern. Als meine Mutter das Drehbuch las, erinnerte sie sich daran, was ihre Mutter, eine herrschaftliche und giftige Haitianerin, die in der Oberschicht von Port-au-Prince aufgewachsen und einige kleine Rollen in Hollywood-Großproduktionen ergattert hatte, ihr gesagt hatte: »Wenn du zum Film willst, lehne stets die Rollen der Dienerin ab, solche sind für farbige Frauen reserviert.« Mama ging einfach darüber hinweg. In jener Zeit kreierte sie Halsketten aus bunten Perlen, die sie auf einem winzigen Webstuhl montierte. Sie hängte die, die sie für sich behielt, an Nägel an der schwarz bemalten Wand über ihrem Bett auf. Nachdem sie für uns ihre Stelle als Buchverkäuferin aufgegeben hatte, erlaubte sie sich zum ersten Mal, wieder zu arbeiten. Sie war noch keine vierzig Jahre alt und von einer umwerfenden Schönheit. Die Aussicht, in einem Kinofilm mitzuspielen, erfreute sie über alle Maßen.

Zur Zeit des Drehs bin ich etwa zehn Jahre alt und noch nie habe ich meine Mutter so viel lächeln sehen. Auch wenn sie keine Drehs hat, bleibt sie stundenlang am Set, um bei den vielen Szenen, in denen sie nicht auftaucht, dabei zu sein. Ein Schwarz-Weiß-Foto vom Dreh zeigt sie hinter einer Hotelrezeption. Sie trägt eine Afrokugel und ihre eigenen Klamotten: eine gefilzte Ethnoweste über einer Bluse mit Ausschnitt. Nur das Headset der Telefonistin gehört ihr nicht. Ihre feinen Finger ruhen weich auf dem dunklen Holz des Empfangstresens. Maria schaut in die Leere. Auf der anderen Seite senkt der serbische Schauspieler den Kopf. Niemand blickt ins Objektiv, das im Spiegel der Rezeption in den Händen des Kameramanns zu sehen ist.

Jahre später entdecke ich zufällig einen anderen bekannten Namen im Abspann, Daniel Gélin. Für diesen Film, der keine weiteren Spuren in unserer Erinnerung hinterlässt, hatte Maria darauf bestanden, einige Teile ihrer Familie zusammenzubringen.

Das Wasser ist so kalt, dass meine eigentlich gebräunte Haut knallrot wird. Nach einer Stunde Wanderung bin ich hier, am Fuß eines Wasserfalls, der so stark auf die kalten Steine und den harten Boden aufklatscht, dass überall die Luft wie von einem gigantischen Zerstäuber vernebelt ist. Ich halte die Hand von Marie, meiner langjährigen Freundin, sie hat mich hierhergeführt, damit wir einen Wunsch aussprechen. Wir sind in einem Canyon namens Tahquitz, in der Wüste, zwei Autostunden von Los Angeles entfernt. Der örtlichen Legende nach hat hier der erste Schamane gelebt. Zum vierten Mal in zwei Jahren bin ich in Kalifornien. Am Anfang sah ich in diesen wiederholten Reisen nichts weiter als Zufälle des Lebens aufgrund der Arbeit und weil ich mit Marie Zeit verbringen wollte. In dieser Landschaft aus trockenen, monumentalen Felsblöcken, auf den steinigen Wegen, auf denen wir barfuß gingen, verstand ich, dass ich auf der Suche nach dir war. Diesmal bin ich ohne eine andere Ausrede gekommen, als an diesem Buch weiterzuschreiben. Marie bereitet eine Ausstellung ihrer Bilder vor, wir hatten beschlossen, gemeinsam zu arbeiten. Auf früheren Reisen hatte ich festgestellt, dass es mir in Los Angeles besser gelang als in Paris, über dich zu sprechen. Vielleicht lag es daran, dass du hier gelebt hast und mich sicher das Gefühl einhüllte, in der Luft zu baden, die du eingeatmet hast, mich von dem Licht überfluten zu lassen, das dich getragen hat.

Was geschah in den drei Jahren, in denen du dich zwischenzeitlich hierhin zurückgezogen hattest, zwischen zwei Drehs und weiteren Ausreißversuchen? In diesen drei Jahren nach dem Film, als du Patti Smith und Bob Dylan kennenlerntest, als du in die Drogen abtauchtest und so stur wie sinnlos auf der Flucht warst? Ich werde es nie erfahren. Ich versuche es auch nicht. Ich stelle es mir lieber vor, stelle mir dich vor.

In jenem Jahr 1973 legalisiert der Oberste Gerichtshof der Vereinigten Staaten die Abtreibung, eröffnet der Senat eine Untersuchungskommission zum Watergate-Skandal, protestieren die Sioux von South Dakota gegen ihre Lebensbedingungen in den Reservaten und fordern die Anerkennung ihrer Rechte und ihrer Gebiete, findet der Vietnamkrieg sein Ende im Chaos. 1974, am 9. August, dankt Richard Nixon als Präsident der USA ab. 1975 fällt Saigon in die Hände der Kommunisten, und den Amerikanern ist es völlig egal. Es wird ein Handelsabkommen zwischen den USA und der Sowjetunion abgeschlossen, der mafiöse Gewerkschaftler Jimmy Hoffe verschwindet, wahrscheinlich von der Mafia ermordet. Dich kümmerten solche Nachrichten wohl eher weniger. Ich sehe dich in diesen langen Hemden, die du damals getragen hast, mit Ohrringen und Armreifen aus Silber, die um dein Handgelenk klirrten. Ich sehe dich, wie du nach oben schaust, in diesen fast immer blauen Himmel, der aus Kalifornien einen realen und zugleich filmischen Ort macht. Wie du auf der Suche nach Freunden bist, die in dir aber nichts anderes als eine junge, wilde, brünette Schönheit sehen. Wie du dich mit Künstlern, Hippies umgibst und dich nach einer Spiritualität sehnst, die du immer gesucht hast. Ich sehe dich in Holzhäusern oder bemalten Betonbauten, in Vierteln jener Stadt, die keine ist, mit ihren Tentakeln, in der man sich nur im Auto fortbewegt und Gaffer suspekt sind, in jener Stadt, die man schwerlich auf den ersten Blick liebt. Um dich herum höre ich Musik, Gitarrenakkorde und Folkballaden. Du wärmst dir die Hände an einem Lagerfeuer, wenn die Sonne untergeht. In meiner Vorstellung liegst du ausgestreckt am Strand, noch in Anziehsachen, aus Schutz vor der Sonne und gierigen Blicken und in sicherer Distanz zu diesem Meer, das für dein fiebriges Gemüt zu kalt ist. Ich sehe, wie du dich bewegst, von einem Ort zum anderen gleitest, wie du in der Wüste mit ihrer erdrückenden Trägheit nach einer Ruhe suchst, wie sie nur am Ende der Welt zu finden ist.

Ich bin hier in diesem Canyon und liege ausgestreckt auf einer flachen Felsplatte, die ich mir ausgesucht habe, sie ist in zwei Teile gespalten. Ich blicke in die Ferne, hinter die Wüste, hinter die Berge, deren ewige Schneespitzen sich abzeichnen. Noch nie habe ich mich dir so nah gefühlt.

E s war dein Lieblingsfilm. Dabei erscheinst du erst, ich habe die Zeit gestoppt, in der neunundzwanzigsten Minute. Das ist spät für eine Rolle als Schlüsselfigur und die lange Abwesenheit sagt viel über den Platz der Frauen im Kino jener Jahre aus. Du sitzt auf einer Bank und liest. Du trägst eine grüne Bluse und deine kurz geschnittenen Haare liegen wie eine Mooskrone um dein Gesicht. Die Droge hat noch nicht dein Kinderlächeln und auch nicht deine Pausbacken angegriffen. Es braucht dann noch einmal eine weitere halbe Stunde, bis du erneut an der Seite des Starschauspielers erscheinst. Und wieder liest du auf einer Bank. Damals lasen die Leute auf Bänken. Sie hatten kein Handy zum Herumwischen und keine Kopfhörer zum Aufsetzen. Du trägst einen Rock und eine geblümte Bluse. Ihr seid in Barcelona, ihr begegnet euch im Labyrinth eines Parks und sprecht über Gaudí.

Beruf: Reporter ist ein Männerfilm, der die Geschichte eines Mannes und seines Scheiterns erzählt. Die Hauptrolle wird von Jack Nicholson gespielt. Er verkörpert David Locke, einen berühmten Reporter, der in Afrika einen Dokumentarfilm dreht. Als in seinem Nachbarzimmer eines heruntergekommenen Hotels im Nirgendwo ein Geschäftsmann unter dubiosen Umständen tot aufgefunden wird, beschließt er, dessen Identität anzunehmen. Daraufhin entspannt sich in der feuchten Hitze ein langsamer Thriller, in dem der falsche Geschäftsmann von echten Gangstern verfolgt wird, bis hin zu einem unausweichlichen Tod. Über dich erfährt man nichts, keinerlei Hinweise zu deiner

Biografie werden gegeben. Du bist da, ohne da zu sein, das Leben scheint seit Langem aus dir gewichen zu sein, wie ein Phantom schwebst du über dem Film. Du bist da, um diesem Mann zu begegnen und ihm zu folgen, was auch immer geschieht. Wieder bist du unterwürfig, aber diese Unterwerfung hat nichts mit der des *Tango* gemein, sie geschieht im Einvernehmen. Ihr beide bildet ein Paar, das sich treiben lässt, das wenig spricht und sich anscheinend über Blicke versteht, sich liebt, ohne miteinander zu schlafen. Nicholson ist fünfzehn Jahre älter als du und einer der gefragtesten Hollywood-Schauspieler. Nach *Easy Rider* von Dennis Hopper drehte er mit Roman Polanski *Chinatown*. In dem gleichen Jahr wie *Beruf: Reporter*, 1975, spielte er auch in *Einer flog übers Kuckucksnest*. Du respektierst ihn, aber sein Werdegang macht auf dich keinen besonderen Eindruck. Genauso wenig wie bei Brando wirst du nicht in die Groupie-Rolle schlüpfen. Und auch aus der Berühmtheit der anderen machst du dir nichts. Michelangelo Antonioni, Goldene Palme in Cannes 1967 für *Blow-Up*, schüchtert dich nicht mehr ein, als Bertolucci es tat. Außer deinen Vater – und auch das war nur von kurzer Dauer – schmachtest du niemanden an.

Du kommst aus Los Angeles zurück, von einem anderen Kontinent, einer scheinbar anderen Welt, benommen von der Hitze und den Heroin-Stichen, von Spaziergängen in der Wüste unter Mandrax, das du mit Bier zu dir nimmst, von Begegnungen rund um einen Joint. Die spärliche und trockene Vegetation im Süden Spaniens, wo Antonioni seinen Film dreht, ist dir nicht fremd. Du scheinst weiter nach deinem Rhythmus zu leben und dich von der Sonne erschlagen zu lassen. Die Langsamkeit des Films kommt dir entgegen. Genauso wie die Not und die Spannung, die unter den langsamen Einstellungen zu spüren ist. *Beruf: Reporter* handelt von Lüge, Identität, von dem, wer man wirklich ist, der ewigen Versuchung, das eigene Leben für ein anderes aufzugeben.

Auf Englisch heißt der Film *The Passenger.* Du bist eine Passantin, Nicholson ist ein Vorübergehender. Du hilfst ihm zu fliehen, und er hilft dir zu fliehen.

Als du krank warst, trafen wir uns einmal im RUC, in der von der Familie Costes sanierten Brasserie, ganz in der Nähe des Louvre. Sie hatte gleich zwei Vorzüge: Sie befand sich nicht weit von dir entfernt und stellte außerdem eine Form des Luxus zur Schau, den du immer geschätzt hast. Rote Samtsofas, schwarz polierte Tische, Vergoldungen, diskrete Kellner – du fühltest dich hier wie in einem Kokon. Du hattest deinen Lieblingsplatz, links am Eingang, mit dem Rücken zum Fenster, auf einer weichen Bank. Lange Zeit wurdest du mit einer extremen Liebenswürdigkeit empfangen, wie sie das Personal angesagter Etablissements Stars, selbst gefallenen, üblicherweise entgegenbringt. Mit der Krankheit wurdest du zum Störfaktor, auch wenn die Bediensteten augenscheinlich keine anderen waren. Deine Haare waren weiß, deine Züge gruben sich tiefer denn je in dein Gesicht, Säcke zeichneten sich unter deinen Augen ab, du hustetest zu viel und zu laut, verschlucktest dich am Essen. Einmal hattest du mir erzählt, dass du, weil dir Luft in deinen amputierten Lungen fehlte, dich auf deinen Teller übergeben musstest. Du warst im RUC nicht mehr willkommen und auch in keinem anderen deiner Stammlokale. Die wie Models aussehenden Kellnerinnen sahen mit einem Hauch von Mitleid und Genervtheit auf dich. Gesunde Menschen mögen Krankheit nicht.

Zum Glück gibt es die Fotos. Mamas Fotos, die sie zu Hunderten von dir aufgenommen hat, ganze Filmrollen, seit deinen ersten Schritten. Voller Zärtlichkeit tauche ich in sie ein, wenn die Erinnerung an die Züge deiner unheilbaren Krankheit mich am Schlafen hindern, wenn ich deinen grauen Teint vergessen will, deine weißen Haare, deine Magerkeit, deinen schrecklichen Atem, der aus deiner Kehle entweicht. Ich mag, wie du wohl mitbekommen haben wirst, die Kranken auch nicht besonders. Der plötzliche Tod ist mir vertrauter als das Siechen. Ich mag nicht, wenn du sagst, dass du da schon herauskommen wirst, dabei weiß ich, dass das Urteil gefällt ist, ich mag nicht die Blicke der anderen, die ahnen, dass du es nicht mehr lange machen wirst, ich mag es nicht, ein Leuchten in deinen Pupillen suchen zu müssen, wenn du lächelst, Zeichen deiner erloschenen Schönheit. Ich mag diesen Husten nicht, der unsere Unterhaltungen unterbricht und ständig daran erinnert, dass die Krankheit zwischen uns steht. Ich mag nicht, dass du mir erzählst, wie schädlich Rauchen ist, auch wenn ich weiß, dass du recht hast. Die Zigarette bist du, die Rauchwolken, die sich mit Patschuli-Duft vermischen, den ich in deinen Haaren roch, als ich mich als Kind in sie hineinkuschelte.

Ihre Stimme fängt mich ein, ohne dass ich Zeit hatte, mich darauf vorzubereiten. Ich bin in Saint-Tropez für eine Zeitungsreportage. Ich esse an jenem Tag mit Bernard d'Ormale, dem Mann von Brigitte Bardot, zu Mittag. Einer von sechs Auftragstexten ist der Ikone der Hafenstädtchen gewidmet, dem Lieblingsort der Jet-Setter. »Brigitte«, wie man sie hier nur nennt, ist seit einigen Jahren untergetaucht. Man sieht sie nicht mehr, ihr genügen die geheimen Wege zwischen ihren beiden Häusern, die sich in Zoos verwandelt haben. Sie hat ihr Versprechen, das sie sich in der Avenue Paul-Doumer in jenem Jahr 1973 gab, eingehalten, sie hat nie wieder gedreht und sich den Rest ihres Lebens dem Tierschutz verschrieben. Ihre Gesundheit ist instabil. So möchte sie nicht gesehen werden und lieber die Erinnerung ihrer spektakulären, tausendfach fotografierten Erscheinung wachhalten, wie sie stolz und wild barfuß durch die Straßen der alten Stadt streift. Ihre Schönheit hat sie belastet, sie weigert sich, den zahlreichen Bewunderern an ihrem Tor ihr Alter vorzuführen. Mit anderen zu reden, ist Sache ihres Ehemanns, einem eleganten Abenteurer und Freund von Jean-Marie Le Pen, bei dem sie sich kennenlernten. Er ist ihre Verbindung mit der Außenwelt, Vermittler zu den örtlichen Behörden, offizieller Sprecher und Beschützer. D'Ormale will keine andere Rolle spielen als die, die ihm das Leben zugewiesen hat, die des letzten Ehemanns.

Wir sitzen auf der Terrasse des Hotels La Ponche, mit Blick aufs Meer, wo Brigitte Bardot ihre erste Nacht mit Gunter Sachs verbrachte, wo sie Limonaden mit Roger

Vadim schlürfte, der aus ihr den Star in *Und immer lockt das Weib* machte, in diesem Juwel von Saint-Tropez, das ihre Leidenschaft mit Louis Trintignant beherbergte. Bernard d'Ormale ist kein eifersüchtiger Mann. Er ist nicht der schillerndste Liebhaber der Bardot, aber er ist zufrieden damit, dass er sie am längsten für sich hatte. Er knabbert einen Salat wie ein Mann, der auf sein Aussehen viel Wert legt. Er erwähnt »Brigitte« und Saint-Tropez, Saint-Tropez und »Brigitte«, die permanenten Anfragen von Unbekannten und dass er Stunden damit verbringt, sie zu beantworten, handschriftlich, auf weißem Papier. Er erzählt mir von ihren gesundheitlichen Problemen, wie der Kampf zum Wohl der Tiere sie erschöpft. Sein Ton ist sanft, er sorgt sich um sie. Am Ende des Essens erwähne ich deinen Namen. Es überrascht ihn, dass wir verwandt sind, er erinnert sich an die sonntäglichen Telefonanrufe und wie traurig sie über deinen Tod war. Ich traue mich, ihm zu sagen, dass ich sie gern hören würde, wie sie über dich erzählt, denn ich weiß, wie wichtig sie dir war. Sie wolle niemanden sehen, sagt er erneut, aber telefonieren, ja, sicher, versuchen wir es. Brigitte Bardot nimmt ab, er redet einige Worte und sie ist bereit, sich mit mir auszutauschen. D'Ormale hält mir das Telefon hin. Hinter ihm, auf der ockerfarbenen Wand, schaut uns ein Plakat von *Und immer lockt das Weib* an. Die Stimme ist unverändert, sie hat den körnigen Klang aus der Zeit der Filme bewahrt. Dein Name an meinem Ohr ist wie ein entferntes Echo. Maria … Bardot bewegt sich mit langen, seidenweichen Schritten zurück in die Vergangenheit. »Sie war verloren, ich habe sie aufgelesen wie eine kleine, ausgesetzte Katze und wir hatten viel Spaß.« Seit dem *Tango* habe sie dich nicht wiedergesehen, fügt sie hinzu. Und für einige Sekunden hört sie auf zu reden, wie um nachzudenken. »Sie hatte kein Glück«, sagt sie schließlich und fährt fort: »Na ja, sie hatte Glück und wiederum auch nicht.« Du hast sie angerufen, als du krank warst. Sie fand das »normal«, so sei Freundschaft schließlich, man kann sich aus den Augen verlieren und sich wiedertreffen, als wäre nichts gewesen. Sie schlug dir vor, sie zu besuchen, du wolltest nicht, dass sie dich »so« sieht. Sie verstand. So begannen die Sonntagstelefonate. Ich bedanke mich ungeschickt für all das, was sie für dich getan hat. Sie wird fast wütend, »da gibt es nichts zu bedanken, das ist normal«.

»Das hätte nicht jeder getan.« – »Ich bin nicht jeder!« Sie wirft mir zu: »Und Sie, was haben Sie getan?« – »Ich habe versucht, da zu sein.« Ich sage es und schäme mich. Ist man für jemanden, der stirbt, genug da?

Die Ärzte haben dich nach den letzten Therapien und vor dem Hospiz nach Hause gehen lassen. Von nun empfängst du, die du so gern ausgegangen bist, bei dir. Ich besuche zum ersten Mal die Wohnung bei dem Palais-Royal, für die du und A. euch geschämt habt, denn ein Besuch hätte euer prekäres Leben offenbart. Sie ist noch kleiner, als ich dachte, und kann kaum die Erinnerungen an die vergangenen Jahrzehnte und die nötigen Alltagsgegenstände fassen. Du bist zu schwach, um das Bett zu verlassen, aber du empfängst freudig den sorgfältig ausgewählten Besuch. Wer hierherkommt, kommt mit Champagner, der sofort, egal zu welcher Tageszeit, entkorkt wird, was A. mit missbilligendem Blick quittiert. Die anderen Geschenke scheinen dich kaum zu interessieren, außer die Päckchen, die Brigitte regelmäßig und mit Sorgfalt aus Saint-Tropez schickt. Natürlich ist Champagner darin, zusammen mit Lebensmitteln. Bardot bleibt ihrer Rolle treu und spielt sie bis zum Ende, die der aufmerksamen Mutter, die du nicht hattest.

Bei meinem letzten Besuch bist du geschwächter als je zuvor. Du kannst dich nicht mehr bewegen, ohne dich auf die Schulter von A. abzustützen, die dich an der Taille umfasst. Die einfachsten Gesten fallen dir schwer und tun weh. Diese Abhängigkeit, die auf brutale Weise einsetzte, verursacht dir schlechte Laune. Du meckerst und fluchst. A. nimmt es tapfer und hingebungsvoll hin, wie immer.

Ich komme am Nachmittag. Ich habe meinen Mantel noch nicht abgelegt, da eröffnest du mir, dass Nan Goldin gestorben ist. Du bist wieder ganz lebendig, sie hat dir einen Fotoapparat geschenkt, stolz wie ein Kind, das sein neuestes Spielzeug vorführt, zeigst du ihn mir. Deine Fotografin-Freundin hat dir versichert, dass er ganz einfach zu bedienen sei. Du willst ihn unbedingt ausprobieren. Ich liege neben dir im Bett. Wir genießen ein Glas Champagner und reden über dies und das, nur nicht über die Krankheit. Du gibst A. Anweisungen, damit sie ein Foto von uns macht. Du ärgerst dich, dass sie es nicht gleich schafft. Du stehst auf und versuchst es selbst. Wir lachen über den widerspenstigen Apparat. Schließlich werden etwa zwanzig Bilder gemacht. Ein Augenblick der Beschwipstheit und des Lachens. Ein Moment, wie wir ihn miteinander nicht oft genug hatten. Ich verlasse dein Bett und umarme dich, Zeit, den Platz zu räumen. Eine andere Freundin von euch, Andréa Ferréol, Schauspielerin in *Das große Fressen* von Marco Ferreri, kommt nun mit einer Flasche Champagner an. »Nicht zwei Besuche gleichzeitig«, hat A. angeordnet.

Seit Langem schon bist du nicht mehr da. Bei einem Mittagessen, an dem wir nur über dich reden, frage ich A., was aus den Fotos von jenem Tag geworden ist. Sie habe sie auf ihren Computer übertragen. Sie werde sie wiederfinden und mir schicken. Ich freue mich so sehr darauf, sie zu sehen, sie zu haben. Wenn ich mich recht entsinne, gibt es keine anderen Fotos, auf denen nur wir beide zu sehen sind. Die Zeit vergeht. A. hat es sicher vergessen. Sie ist in Trauer, ich will nicht drängeln. Einige Monate später bekomme ich endlich eine Mail mit den berühmten Fotos. Ich kann sie auch nach mehrmaligen Versuchen nicht öffnen. Unsere Software ist wohl nicht kompatibel. Bei jedem unserer Treffen bin ich beharrlich, frage A., ob sie nicht eine andere Lösung finden könnte, um mir die Fotos zukommen zu lassen. Sie sagt nie »Nein«, sie erwähnt nur, dass sie sehr beschäftigt und es kompliziert sei, sie wisse nicht mehr, wo sie sich befänden, sie werde sie suchen, wenn sie Zeit habe. Auch wenn mir der Grund unklar ist, ahne ich, dass es nie dazu kommen wird. Ich flehe sie trotzdem ein letztes Mal an: Ich würde gern diese Fotos haben, und wenn es nur eins ist oder zwei. Es ist meine letzte Erinnerung an Maria. Sie antwortet mir sanft: »Weißt du, sie waren unscharf.«

Dank allen, die Maria geliebt, sie begleitet und unterstützt haben, in guten und schlechten Momenten.

Dank allen, die von Maria erzählt haben, manchmal nur mit einigen Worten.
Brigitte Bardot, *Initiales B. B., mémoires*, Grasset, 1996.
(Brigitte Bardot: Memoiren: mein Leben, meine Männer, meine Filme, Lübbe 1996)
Fiona Gélin, *Si fragile*, l'Archipel, 2016.
Frédéric Mitterrand, *Mes regrets sont des remords*, Robert Laffont, 2016.
Eva Ionesco, *Innocence*, Grasset, 2017.

Dank an Bruno Nuytten, Serge July und Yann Le Gal für ihre Dokumentation *Il était une fois Le Dernier Tango à Paris*, Folamour, 2004.

Dank an François Samuelson, ohne den es dieses Buch vielleicht nicht geben würde, an Christophe Bataille und an Olivier Nora für das Vertrauen und die Zuneigung, die sie mir entgegengebracht haben.

Dank allen, deren Liebe mich Tag für Tag trägt.

Liebevoll-trauriges Gedenken an Jean-Marc Roberts, der, glaube ich, diese Geschichte sehr gern gelesen hätte.

1. Auflage 2025

Titel der Originalausgabe Tu t'appelais Maria Schneider
© Éditions Grasset & Fasquelle, 2018
Aus dem Französischen von Grit Weirauch
© 2025, Verlag Kiepenheuer & Witsch, Köln
Alle Rechte vorbehalten
Die Nutzung unserer Werke für Text- und Data-Mining
im Sinne von § 44b UrhG behalten wir uns explizit vor.
Covergestaltung FAVORITBUERO, München, nach einem Entwurf
von Jaya Miceli und Tristan Offit für Scribner, 2024
Covermotiv Maria Schneider, 1978
© Jean-Jacques LAPEYRONNIE / Getty Images
Gesetzt aus der New Baskerville Std und der Phosphate Solid
Satz Buch-Werkstatt GmbH, Bad Aibling
Druck und Bindung GGP Media GmbH, Pößneck

ISBN 978-3-462-00731-2